KB118510

내 생애
커리어 앵커를
찾아서

내 생애
커리어 앵커를
찾아서

Edgar H. Schein 저 · **박수홍** 역

[3rd ed.]
CAREER ANCHORS

Self-Assessment
Participant Workbook
Facilitator's Guide

학지사

이 책은 본래 *Career anchors: self-assessment, Career anchors: participant workbook, Career anchors: facilitator's guide*로 따로 출판된 3권의 책을 하나로 묶어서 번역한 것이다. 이 책은 커리어 앵커라는 이론을 학문적으로 연구하고 이해하기 위한 목적으로 집필된 것이라기보다, 실제 행복하고 성공적인 커리어를 개발할 수 있도록 실천에 비중을 둔 것이다. 이 책의 제목에서 나타난 핵심 개념인 커리어 앵커(career anchor)는 전 생애에서 일과 관련된 과정(career)에서 흔들리지 않고 중심을 잡아 주는 내부의 진로 역량을 의미하는 것으로, 거친 바다에서 꿈을 찾아 항해하는 드림 보트(dream boat)에서 배의 중심을 잡아 주는 닻과 같이, 나만의 중심축을 앵커(anchor)라 할 수 있다.

종래의 진로경력개발 프로그램은 수요자의 적성을 파악하여 이에 맞는 현재 직업을 유형별로 단순히 매칭시켜 주는 것에 머무르고 있어, 수요자가 준비해야 할 미래 직업에 대해 안내해 주는 데 한계가 있었다. 또한 수요자가 가지고 있는 심층적이고 본질적인 자기 모습(내부 커리어)을 찾아 주는 데 있어 한계를 가지며, 궁극적으로는 자기주도적인 커리어 탐색에 장애를 초래하며, 자기에게 맞는 직업을 가지는 데 있어서 문제점을 자아내고, 직업 세계를 통해 자아실현을 하는 데 방해 요인이 되고 있다. 미래 직업 세계는 여러 가지 요인에 의해 역동적이고 다양하게 변화하고 있는데, 현존하는 프로그램들은 이를 예측하고 준비하는 데 초점이 맞춰진 것이 아니라 현재 직업(군)에만 관심을 두고 있어 미래 직업 역량을 함양하는 데 있어 한계를 가지고 있다. 기존의 진로경력 관련 프로그램은 진단 및 검사, 직업 정보 소개, 직업 체험 등의 요소가 포함되어 있으나 이들이 상호 분절적 형태로 존재 및 운영되고 있어 체계적, 연속적, 통합적 프로그램으로서의 한계를 가지고 있다.

이에 반해, 커리어 앵커 기반 프로그램은 기존 진로경력개발 프로그램과 다음과 같은 차별성을 가진다.

첫째, 기존 프로그램이 전문가가 진로 유형을 진단하고 유형에 맞는 진로경력 해결 방안을 제시하는 전문가 주도의 프로그램이라면, 커리어 앵커 기반 프로그램은 문제의 소유자인 내담자 체제(client system: 도움을 받는 사람)의 주도로 자신의 진로 및 경력에 대한 내적 지향성을 스스로 깨닫고 미래 직업 세계의 변화 추세를 이해하여, 자신에 맞는 희망직업, 즉 자신의 꿈을 생성하고, 종국적으로 그 꿈을 실천할 수 있는 실천 계획(action plan)을 작성 · 실천할 수 있도록 하는 프로그램이다. 따라서 이 프로그램에서는 전문가 상담자라는 말 대신에 문제 소유자가 자신의 진로 및 경력 문제에 대하여 주도성을 가질 수 있도록 뒤에서 조력하는 '퍼실리테이터(facilitator)'라는 용어를 사용하고 있다.

둘째, "당신은 이러이러한 진로 특성이 있기 때문에, 그 특성에 맞는 직업은 이러이러한 쪽으로 가야 한다는 식"의 적성-처치의 선형적 구조로 프로그램이 구성된 것이 아니라, 동일한 직업군이라 할지라도, 자신의 내부 커리어 지향성(커리어 앵커)에 따라 변화될 수 있음을 제안하고 있다. 예컨대, 같은 의사라 할지라도 개인의 능력 및 동기, 가치에 따라 전문의료인(전문가형)이 적합한지, 병원장 등의 관리자(총괄 관리자형)가 적합한지, 아니면 기존에 존재하지 않은 새로운 콘셉트의 병원이나 의원을 strat-up하는 앙트러프러너(창업가형)가 적합한지에 대한 정보를 제공함으로써 선택의 폭을 넓혀 준다.

셋째, 기존 프로그램이 사회 및 조직에서 요구하는 능력에 따라 어떤 교육 및 자격을 이수하고 어떤 경력을 쌓아야 하는지에 관한 외부 커리어를 강조해 온 데 비해, 커리어 앵커 기반 프로그램은 개인과 사회의 상호작용적 관점에서 커리어 개발의 복잡한 특성을 반영한다. 즉, 개인의 내적 지향성을 기본적으로 고려함과 동시에 사회 패러다임의 변화에 따른 직업 세계의 변화 트렌드를 읽어 낼 수 있는 능력을 길러, 미래 커리어 생존을 위해 나 자신을 어떻게 변화시켜야 할 것인가에 대하여 스스로 깨닫고 탐구하도록 한다. 즉, 자신과 세상에 대한 정태적인 시각에서 벗어나, 보다 역동적으로 변화하는 환경에서 자신을 바라볼 수 있는 안목을 제공한다.

넷째, 커리어 앵커 기반 프로그램에서는 양적 검사(커리어 앵커 자가진단지)를 통해, 현재 자신의 진로 경력 유형을 결정하는 데 그치는 것이 아니라, 개인의 전체 생애사(career history)의 질적 분석을 통해 보다 심층적으로 자신의 진로 경력의 유형(또는 복수의 유형)을 확인하는 단계, 더 나아가 자신이 현재 수행 중인 일/역할 분석(job/role analysis)을 통해 커리어상의 문제점을 진단하는 단계를 통해, 보다 더 나 자신이 누구이며, 무엇을 하며 살아가야 하는 존재인지를 깨닫게 한다.

이 책의 커리어 앵커 기반 프로그램은 다음과 같은 과정으로 이루어진다.

제1부 커리어 앵커 자가진단

자신의 커리어를 확인하는 것이 가장 먼저 이루어지는데, 이는 커리어 앵커 자가진단을 먼저 실시하여 자신에 대한 윤곽을 그려 볼 수 있다. 자가진단은 8가지의 커리어 범주에 관한 문항에 대해 4점 척도로 응답한 후 총계를 내어 가장 점수가 높은 유형이 무엇인지 확인하는 것이다. 검사지는 간략히 40문항으로 구성되어 있으며, 이것을 통해 자신의 윤곽을 스케치해 볼 수 있다.

커리어 앵커는 진로 및 경력에 대한 자기 경향성에 관한 인식으로, 능력, 동기, 가치의 요소로 구성된다. 커리어 앵커는 8가지 유형으로 분류되는데, 전문가적 역량(technical/functional competence), 총괄 관리자 역량(general managerial competence), 보장성/안정성(security/stability), 자율성/독립성(autonomy/independence), 창업가 역량(entrepreneurial creativity), 봉사/헌신(service/dedication to a cause), 순수한 도전(pure challenge), 라이프 스타일(life style)로 구성되어 있다.

전문가적 역량의 앵커를 가진 사람은 전문성, 즉 자신이 잘하고 있는 특정 분야에서의 장인정신을 소유하고 있으며, 이들은 총괄 관리에는 가치를 두지 않기 때문에 관리자가 되더라도 기능적 관리자(functional manager)가 될 가능성이 높다. 전문성 개발을 통해 자신의 전문성을 높이는 데 관심이 높다. 총괄 관리자 역량을 앵커로 가진 사람은 관리 자체에 대한 관심이 높아 조직의 정책을 결정하는 일을 선호한다. 자율성/독립성의 앵커를 가진 사람은 조직의 규칙, 절차, 규범에 얽매이는 것을 매우 싫어한다. 이들에게 가장 중요한 것은 자신의 기준, 방식에 따라 일을 진행하는 것이다. 창업가 역량의 앵커를 가진 사람은 조직, 생산품, 서비스를 만들어 내는 데 관심이 있다. 그들은 창조(creation)를 가장 중시하여 자율성/독립성이나 안정성을 기꺼이 희생할 수도 있다. 봉사/헌신의 앵커를 가진 사람은 자신의 재능과 능력보다 자신이 추구하는 가치에 의해 동기화된다. 이들은 세상을 개선하는 데 관심이 있어 남을 돕는 직업(helping profession)을 택한다. 그러나 현실적으로 서비스직에 있다고 하여 모두 봉사/헌신 앵커를 갖는 것은 아니다. 순수한 도전 앵커를 가진 사람은 어려운 장애물을 극복하고, 해결할 수 없는 문제를 해결하여, 이길 수 없는 상대를 넘어서는 것을 성공으로 생각한다. 라이프 스타일형의 앵커를 가진 사람은 특정 프로그램을 제공하는 것보다 개인과 가족의 문제를 반영하는 태도를 더 높이 평가한다.

제2부 커리어 앵커 참가자 워크북

제1부에서 커리어 앵커 자가진단을 통해 자신의 앵커에 대한 기본적인 윤곽을 확인해 본 후, 보다 심층적으로 지금까지 살아온 생애사에 대한 분석을 인터뷰 형식으로 분석한다. 인터뷰는 교육, 첫 번째 일(직업), 두 번째 일(직업), 종합적 회고(review)로 구성된다. 교육에 관해서는 학교와 전공 및 선택 이유에 관해 질문하여, 일(직업)과 관련해서는 그 일(직업)을 선택한 이유, 직업 선택 당시의 장기적 목표, 직업 경험에서 얻은 것 등을 질문한다. 종합적 회고에서는 전체 직업 경험을 돌이켜 보고 터닝포인트, 가장 좋았던 점, 앞으로 가장 피하고 싶은 점, 현재의 목표에 대해 묻는다.
커리어 앵커가 확인되면, 일/역할 분석을 실시한다. 먼저 현재의 일 분석을 위해 일/역할 지도(job/role map)을 작성한다. 이는 자신을 가운데 두고, 자신의 일과 관련된 이해관계자들을 관계에 따라 상하로 배치한 후 요구의 강도 및 영향력을 화살표의 굵기로 표시하는 것이다. 그런 뒤 역할에 관한 3가지 이슈의 분석이 이루어지는데, 이는 역할 지도에 기초해 역할 모호성, 역할 과부하, 역할 갈등을 분석하는 것이다.

현재 직업 분석이 끝나면 미래 사회, 변화에 따른 직업 세계 변화 트렌드에 대하여 학습(자가학습 또는 특강 형식)을 통해 미래 직업 세계가 어떻게 바뀌는지에 대한 깊은 통찰을 얻는 단계가 뒤따른다. 이후, 각자 학습한 내용에 비추어, 다양한 토론을 통해 미래 직업 세계에 관한 심도 있는 이해를 할 수 있다.

다음으로, 미래 커리어 계획을 위한 선택으로서 미래의 역할 지도를 작성한다. 방식은 현재 역할 지도와 같으나, 예측에 기반을 두어 작성하게 된다. 이것이 끝나면 미래의 일/역할 요구사항(requirement)에 대한 자기평가를 실시한다. 이는 크게 동기와 가치, 분석적 능력, 대인관계 능력, 감성 능력의 영역으로 구성되며, 각 영역에 따라 문항별로 미래 커리어를 위한 이상적인 상태와 현재 자신의 상태를 각각 4~5 척도상의 점수로 표시한다. 그후, 현재 역량과 미래 요구 역량 간의 간극(gap)을 찾고, 그 간극을 좁히는 방안을 마련하는 액션플랜을 작성하여 실천하고 점검하는 단계가 뒤따른다.

제3부 커리어 앵커 퍼실리테이터 가이드

마지막으로 커리어 앵커 기반 진로경력개발 프로그램을 효과적으로 운영하기 위해 필요한 존재를 이 책에서는 '퍼실리테이터'라 부른다. 진로 경력 분야의 전문가인 전문상담사가 중심이 되어 문제를 찾아 해결방안을 제공하는 방식에서 벗어나 퍼실리테이터는 내담자가 주도적으로 자기 문제를 진단하고 자신만의 해결방안을 찾을 수 있도록 뒤에서 조력하는 역할에 충실해야 한다. 따라서 효과적인 퍼실리테이터가 되기 위하여 프로그램의 각 단계에서 필요한 핵심 지식과 프로그램의 사용 방법, 자주 묻는 질문에 대한 답변 요령, 그리고 프로그램 워크숍을 디자인하는 방법에 대한 지침을 제공한다.

번역자의 관점에서 볼 때 "There is nothing so practical as a good theory." 즉, "좋은 이론이 가장 실제적인 것이다." 이 명제는 이론에 대한 무용론이나 배격을 하고 있는 현실에 비추어 볼 땐, 과히 반직관적(counterintuitive)일 수 있다. 그렇지만 커리어 앵커 이론은 커리어의 현상을 설명해 주는 기술적 이론에서 벗어나 실제로 자신의 커리어 역량을 길러 줄 수 있는 로직을 자체 가지고 있는 디자인 이론(design theory)의 성격을 띠고 있기 때문에 현실 활용도가 높은, 그야말로 'good theory'라고 볼 수 있다.

구체적으로 커리어 앵커 이론은 자신의 커리어상의 정체감에 대한 깊이 있는 이해에서 출발하여, 미래 직업 사회의 변화 트렌드를 읽어 낼 수 있는 능력을 길러, 자신의 강점에 최적화된 미래 희망 직업을 찾도록 안내하고 있다. 또한 자신의 현재 역량과 미래 요구역량 간의 간극을 찾아내어, 자신의 필요 역량을 파악할 수 있도록 한다. 이를 통해 종국적으로 자신의 커리어 개발 역량을 길러 줄 수 있는 구체적인 실천방안인 액션플랜을 작성하도록 유도하고 있기 때문에, 실제 실천을 통해 커리어 역량을 키울 수 있다.

끝으로, 이 책이 나올 수 있도록 독려해 주신 학지사 김진환 사장님 이하 편집 담당자께 감사를 표한다. 어려운 내용을 번역하는 데 참여한 김두규 박사님, 강문숙 박사님, 박철수 박사님, 박은숙 박사님, 홍광표 선생님, 박진영 선생님, 박해임 원장님, 문영진 선생님, 이성룡 선생님, 이용희 선생님, 신지윤 선생님, 남기곤 선생님, 심다희 선생님, 임정빈 선생님을 포함한 부산대학교 LbD 연구회 회원님들께 감사를 드립니다. 또한 커리어 앵커 세미나에 적극적으로 참여하고 있는 김진숙 박사님, 이진석 박사님 이하 세미나 구성원들께 감사를 드립니다. 학문하는 사람을 남편으로 삼고 평생을 살아 온 사랑하는 아내 조인주에게 깊은 고마움을 전하며, 아들 박정우의 미래 삶을 설계하는 데 이 책이 도움이 되기를 희망한다.

2014년 9월
박수홍

커리어 앵커의 개념을 한국에 소개하는 것이 대단히 반갑습니다. 그리고 내 책을 번역해 주신 부산대학교 박수홍 교수의 노고에 찬사를 보냅니다.

미래를 예측하기 어려울 정도로 빠르게 변화하는 세상에서, 자기 자신의 가치, 즉 내부 커리어를 잘 알고 있다면, 미래의 진로나 직업, 승진을 선택해야 할 경우, 현명하게 판단을 하게 해 줄 것입니다. 커리어 앵커의 목표는 여러분 자신의 역량, 동기, 가치에 대한 통찰력을 가질 수 있도록 기회를 제공할 것입니다.

"I am very pleased to introduce the concept of Career Anchors to the Korean audience and I heartily congratulate Professor Su-Hong Park for his efforts in translating my books. In a very turbulent rapidly changing world it is important for everyone to become familiar with his or her own values, the "internal" career, so that when you have choices to make about promotions or next jobs, you will make those choices wisely. The goal of Career Anchors is to give you a chance to gain insight into your own competencies, motives and values."

Edgar Schein, Professor Emeritus
MIT Sloan School of Management

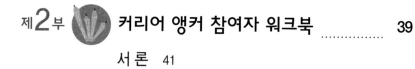

제3부 커리어 앵커 퍼실리테이터 가이드...... 151

"내 생애 커리어 앵커를 찾기 위한 첫 번째 여정은
내 커리어 앵커 패턴의 어렴풋한 윤곽을 파악하는 일이 될 것이다.
이를 위해 스스로 커리어 앵커 자가진단을 해 보고
미래 직업과 커리어에 대한 이미지를 찾아보도록 하자."

제1부

커리어 앵커 자가진단

커리어 앵커 자가진단

- 가능한 정직하고 신속하게 답하십시오. 특정 문항에서 고민하게 되는 경우를 제외하고는 가급적이면 극단적인 선택을 자제하십시오.

- 다음 장에 제시되는 40개의 문항을 읽고 1~4까지 점수를 매겨 자신에게 해당되는 것을 선택하십시오. 숫자가 클수록 자신의 경우와 일치함을 뜻합니다. 다음에 제시되는 4개의 등급은 '전혀 아니다' '가끔 그렇다' '자주 그렇다' '항상 그렇다'로 구분됩니다.

  1 전혀 아니다.
  2 가끔 그렇다.
  3 자주 그렇다.
  4 항상 그렇다.

- 이 장을 넘겨서 각 문항을 읽고 오른쪽 빈칸에 자신에게 해당하는 등급을 기록하십시오.

| | 1: 전혀 아니다. | 2: 가끔 그렇다. | 3: 자주 그렇다. | 4: 항상 그렇다. |

번호	문항	점수
1	내가 맡고 있는 일을 매우 잘해서 다른 사람들에게 전문적인 조언을 해 주고 싶다.	
2	다른 사람들의 일을 총괄하고 지휘할 수 있을 때 성취감을 느낀다.	
3	내 방식과 스케줄에 따라 일할 수 있는 충분한 결정권이 있는 일을 하고 싶다.	
4	나는 항상 내 사업을 하기 위한 아이디어를 구상한다.	
5	보장성과 안정성이 자유와 자율보다 더 중요하다.	
6	개인적이거나 가족과 관련된 일에 지장을 초래하는 업무를 맡게 되면 차라리 그 일을 그만두겠다.	
7	사회를 위해 실질적인 기여를 했다고 느낄 때만 내 일에서 성공했다고 느낄 수 있을 것이다.	
8	항상 어려운 문제를 던져 주고, 그 문제에 도전하도록 하는 일을 하고 싶다.	
9	내가 가진 전문적 능력을 최고 수준에 올려놓아야만 성공했다고 느낄 것이다.	
10	나는 조직 전체의 총괄 책임자가 되고 싶다.	
11	나는 업무, 스케줄 및 진행 절차 등을 전적으로 자유롭게 정할 수 있는 일을 하고 싶다.	
12	조직 내에서 내 안전을 위협하는 일을 해야 한다면 그 조직을 떠나겠다.	
13	타인 소유의 조직에서 최고 경영자의 위치에 오르기보다는 내 사업을 키워 나가는 것이 더 중요하다.	

14	일을 하면서 나의 재능을 타인을 위해 사용할 때 가장 큰 성취감을 느낀다.	
15	나는 매우 어려운 도전에 직면하면 그것을 극복하여 성취감을 맛볼 때 내 커리어에서 성공했음을 느낀다.	
16	나는 나 자신과 가족 그리고 나의 일이 내 생활에서 균형을 이룰 수 있는 직업을 원한다.	
17	내 관심 분야의 전문가가 되는 것이 여러 분야의 총괄 관리자가 되는 것보다 더 매력적이라 생각한다.	
18	나는 일에서 전적으로 자율과 자유가 주어진 상황에서 목표를 달성할 수 있을 때 더 큰 성취감을 맛볼 수 있다.	
19	나는 무엇보다 보장성과 안정성이 높은 조직에서 일하고 싶다.	
20	내 능력과 노력의 결과로 무엇인가를 이룰 때 성취감을 만끽한다.	
21	나는 한 조직의 모든 일을 총괄하는 관리자가 되어야만 성공했다고 생각한다.	
22	보다 나은 세상을 만들기 위해 내 기술을 활용하는 것이 내 커리어 선택을 하는 데 있어 가장 중요한 가치다.	
23	나는 해결할 수 없을 것 같은 문제를 해결하고, 불가능해 보이는 것을 가능하게 만들었을 때 성취감을 느낀다.	
24	나는 개인, 가족 그리고 일을 추구하는 데 있어 적절한 균형을 유지하는 것이 진정한 의미의 성공적인 인생이라고 생각한다.	
25	나는 보장성과 안정성을 느낄 수 있는 일을 희망한다.	
26	내 전문 분야가 아닌 일을 맡게 된다면, 차라리 조직을 떠나겠다.	

27	최고 경영인이 되기보다는 개인적인 삶과 직업 생활을 균형 있게 유지하는 것이 내게 더 중요하다.	
28	나는 인류와 사회에 실질적으로 기여할 수 있는 직업을 갖고 싶다.	
29	온 힘을 다해 나 자신의 생산품이나 아이디어인 무엇인가를 개발하거나 만들어 내는 일을 하기 원하며, 그 속에서 성공을 거둘 때 가장 큰 성취감을 느낄 것이다.	
30	내 전문 분야에서 깊이 있는 전문가가 되기보다는 여러 분야를 넓게 아우르는 총괄 관리자가 되기를 더 희망한다.	
31	나는 규칙과 제약에 얽매이지 않고 내 방식대로 일할 수 있는 것이 매우 중요하다고 생각한다.	
32	나는 문제해결 능력을 강하게 요구하는 일을 하고 싶다.	
33	나는 개인 사업을 꿈꾼다.	
34	나는 그 무엇보다도 다른 사람에게 봉사하고 다른 사람을 돕는 일을 할 수 있기를 바라며, 다른 사람에게 스트레스를 주는 일을 맡을 바에는 조직을 떠나겠다.	
35	내 전문적 기술과 재능을 활용할 수 있는 일을 할 때 가장 큰 성취감을 맛볼 수 있을 것이다.	
36	나는 사장과 같은 조직의 총괄 관리자가 될 수 있는 경력에서 멀어지는 일을 맡을 바에는 차라리 조직을 떠나겠다.	
37	나는 재정적으로나 직업적으로 내게 완벽한 안정감을 줄 때만 일에 더 몰입할 수 있고, 더욱 많은 성취감을 느끼게 된다.	
38	나는 자율과 자유가 보장되지 않는 일을 하느니 차라리 조직을 떠나겠다.	

39	나는 언제나 개인이나 가족 문제에 최대한 지장을 주지 않는 직업을 찾으려 한다.	
40	고위 관리직을 맡게 되는 것보다는 해결하기 힘든 문제와 씨름하여 일을 마무리하는 것이 내게는 더 중요하다.	

▢ 전체 40문항 중에서 자신을 가장 잘 표현하는 문항 5개를 찾으십시오.

    5개의 문항에 표시하고, 이들 문항은 다음의 채점표를 기록할 때 각 문항

    에 5점을 더해서 점수를 계산합니다.

채점 방법

1. 각 문항에 적은 점수를 점수표에 옮겨 적으십시오.

2. 전체 40문항 중에서 자신을 가장 잘 표현하는 문항 5개를 찾아 각 문항당 5점씩 점수를 더한 뒤, 각 열의 점수를 더해 총점을 계산합니다.

TF	GM	AU	SE	EC	SV	CH	LS
전문가적 역량	총괄 관리자 역량	자율성/ 독립성	보장성/ 안정성	창업가 역량	봉사/ 헌신	순수한 도전	라이프 스타일
1	2	3	5	4	7	8	6
9	10	11	12	13	14	15	16
17	21	18	19	20	22	23	24
26	30	31	25	29	28	32	27
35	36	38	37	33	34	40	39
합 계							

커리어 앵커의 범주

커리어 앵커는 다음과 같이 8개의 범주로 나눌 수 있다.

- 전문가적 역량(Technical/Functional Competence: TF)
- 총괄 관리자 역량(General Managerial Competence: GM)
- 자율성/독립성(Autonomy/Independence: AU)
- 보장성/안정성(Security/Stability: SE)
- 창업가 역량(Entrepreneurial Creativity: EC)
- 봉사/헌신(Service/Dedication to a Cause: SV)
- 순수한 도전(Pure Challenge: CH)
- 라이프 스타일(Lifestyle: LS)

전문가적 역량(TF)

이 유형의 사람들은 전문가적 식견과 기술을 중시하므로 장인

정신이 있는 전문가적 역량이 있는 사람이라고 말할 수 있다. 전문성 지향의 사람들은 자신의 기술을 추구할 수 있다면 자신의 전문 분야에서 관리자가 되고자 하지만, 반대로 일반 관리직에 대해서는 큰 가치를 두지 않는다. 대부분의 경력이 전문가적 업무에서 비롯되고 전문성의 개발과 연관되어 있지만, 모든 사람이 그것에 만족하지는 않는다. 어떤 사람들에게는 전문 직업이 궁극적인 목적이기보다 회사나 조직의 구성원이 되는 하나의 수단일 뿐이다. 또 어떤 사람들에게는 조직의 사장과 같은 총괄 관리자가 되기 위한 필수 절차일 뿐이다. 그리고 또 다른 사람들에게는 독립적인 사업가가 되기 위해 필요한 기술을 습득하는 기회가 된다.

결과적으로 비록 모든 사람이 전문성으로 시작하지만, 전문가적 역량을 가진 사람은 자신의 전문성으로 경력의 방향을 전개하는 데 내적 만족을 느낀다.

총괄 관리자 역량(GM)

어떤 사람들은 총괄 관리자가 되기를 진정 원하는 커리어를 밟아 나감에 따라 자연스럽게 경영 그 자체에 관심을 갖게 되고, 총괄 관리자가 되기 위해 필요한 역량을 키워 나가면서 중점적인 정책 결정에 책임이 있는 조직 상층부로 올라가려는 야망을 갖게 되며, 그들의 노력은 조직의 성패에 영향을 미치게 된다.

이 성향의 사람들은 특정 분야에서의 전문화를 전체를 보지 못하는 일종의 장애로 보기에, 전문가적 유형의 사람과는 다르다. 이들은 여러 부서의 기능을 잘 파악할 필요가 있다고 생각하고, 총괄 관리자의 업무를 잘 수행하기 위해서 해당 분야의 사업이나 산업에 대한 총괄적 전문가가 있어야 한다는 점을 인정한다.

　이 성향의 사람들에게 있어 주요 가치관과 동기는 높은 책임감, 리더로서의 기회, 조직의 성공에 대한 기여 그리고 고임금을 받는 수직적 상승이다.

자율성/독립성(AU)

　어떤 사람들은 어느 회사에서나 볼 수 있는 규칙, 절차, 근무 시간, 복장 규정 및 갖가지 규범에 구속되는 것이 힘들다는 것을 직장생활 초창기부터 알게 된다. 그러한 사람들은 업무 내용과는 무관하게 자신의 방식과 속도 등에 맞게 일하고 싶은 강렬한 욕구를 가지고 있다. 그들은 조직 생활이 자신들의 삶에 제한적이고, 불합리하고, 방해가 된다고 생각한다. 따라서 그들은 보다 독립적인 업무 방식을 선호한다. 자율적으로 일할 수 있는 현 직장과 자율이 보장되지는 않지만 조건이 훨씬 좋은 직장 가운데서 선택해야 할 경우, 이 성향의 사람들은 현 직장을 고수할 것이다. 누구에게나 어느 정도의 자율은 필요하다. 그러나 어떤 사람들에게는 그러한 욕구가 대단히 강렬하다. 때때로 극도의 자율은 높은 수준의 교육과 전문성에 기인하는데, 그 이유는 교육과정 그 자체가 전적으로 자립적이고 책임감이 생기도록 이루어져 있기 때문이다.

보장성/안정성(SE)

보장성과 안정성을 추구하는 유형의 사람들은 자신들의 경력을 조직적으로 관리하려는 강렬한 욕구를 가지고 있다. 이들이 직장생활에서 이러한 욕구를 잘 충족해 왔다면, 안정감을 느끼고, 미래의 일이 예측 가능하며, 일을 잘 수행해 왔다는 사실을 즐기게 될 것이다. 모든 사람은 삶을 살아가는 데 있어 어느 정도의 안정감과 지속성을 필요로 한다. 자녀의 양육과 교육, 자신의 퇴직 등 인생의 어느 단계에서 재정적 안정은 중요한 문제가 된다. 그러나 이 성향의 사람들에게는 안정성과 지속성이 모든 경력의 결정에 지배적인 역할을 한다. 이러한 사람들은 직장을 오래 다닐 수 있고, 퇴직 계획이 탄탄하고 복리후생이 잘되어 있으며, 튼튼하고 의지할 만한 회사에 근무하려 한다. 이러한 이유에서 정부 관료직과 공무원직은 이들에게 매력적인 직종이다. 비록 그들이 높은 지위나 중요한 업무를 맡지 않더라도 소속된 조직과의 일치감을 통해 만족감을 얻는다.

창업가 역량(EC)

이 유형의 사람들은 신제품이나 새로운 서비스를 개발하고, 회사를 창립하며, 기존 회사의 매입을 통해 자신의 사업을 하고 싶은 강렬한 욕구가 있음을 일찌감치 발견하게 된다. 비록 그들 중 일부만이 기업가가 되지만, 창업가 역량을 가진 사람들을 창의력이 풍부한 연구가, 예술가, 시장분석가, 발명가 등과 혼동해서는 안 된다.

이 유형의 사람들에게 창의적인 욕구라는 것은 기존에 존재하지 않는 새로운 조직이나 사업체, 회사, 상품, 서비스 및 시스템을 만들어 내서 경제적으로도 성공하는 것을 말한다. 그래서 이들에게는 가치를 창출해 내는 것이 성공의 척도다. 이들에게는 시장에서 수익을 창출하는 것이 자신이 추구하는 바의 성공 여부를 결정하는 중요한 척도가 된다. 즉, 단순히 자신만의 독특한 아이디어를 떠올리는 아이디어맨에서 그치는 것이 아니라, 그 아이디어를 시장에서 구현하여 반응을 이끌어 내는 실천가적 특성을 가지고 있다. 가령, 발명가는 독특한 아이디어를 구체적인 산출물로 만들어 낸다는 점에서 창업가 역량과 유사점이 있지만, 그 산출물을 최종적으로 시장에서 성공시켜 수익을 창출해 내는 데는 집착하지 않을 수 있다.

자율성과 독립성을 추구하는 사람들과 이 유형의 사람들을 구분하는 것은 중요하다. 많은 사람이 자율적으로 일하고 싶어 하는 욕구로 인해 개인 사업을 하려고 한다. 창업가 역량을 지닌 사람들은 창의적인 욕구만을 지닌 사람들과 달리 자신들이 사업을 시작할 수 있다는 것을 증명하려는 강박관념이 있다는 점이다. 이 것은 특히 사업이 성공적이라고 말할 수 있기 전까지는 자신들의 자율과 안정을 포기할 수도 있음을 의미한다.

이 유형의 사람들은 직장에 다니면서 창의적인 해결책을 찾기 위해 뛰어다니는 가운데, 창업가적인 기질을 발휘하는 것에 계속 실패하기도 한다. 예를 들면, 한 기업의 영업 대표이거나 중간관리자이면서 짬짬이 부동산 회사를 설립하려 하거나 장차 매입하여 운영할 회사를 찾아보는 일도 하게 된다. 그런 사람들이 창업가로 불릴 수 있는 이유는 일단 사업이 시작되면 현재 일하고 있는 직장을 그만두고 새 사업에 뛰어들 수 있기 때문이다.

봉사/헌신(SV)

이 유형의 사람들은 일을 통해 자아실현을 하고자 하는 가치관 때문에 직업 세계에 뛰어든다. 그들은 재능이나 능력이 있는 분야보다는 이러한 가치관에 더 중점을 둔다. 경력을 선정하는 기준은 더 나은 세상을 만들려고 하는 열망에 기초한다. 의학, 간호, 사회복지, 교직, 성직 등과 같이 사람들을 돕는 직종은 이 성향의 사람들이 많이 선택하는 직업이다. 경영진이나 회사원에게서도 그런 정신을 엿볼 수도 있다.

순수한 도전(CH)

이 유형의 사람들은 일이든 사람이든 모든 것을 정복할 수 있다는 인식하에 직업을 선택한다. 그들은 불가능한 일을 극복하고, 해결할 수 없는 문제를 해결하며, 강한 상대를 제압하는 것을 '성공'이라고 규정한다. 일을 하나씩 해결해 나감에 따라 그들은 갈수록 더 힘든 도전을 추구한다. 어떤 사람들은 보다 어려운 문제에 직면할 수 있는 직업을 선택한다. 그러나 그들은 기술적이거나 기능적인 사람이 아니다. 왜냐하면, 그들은 어떤 분야의 문제든 개의치 않기 때문이다. 일종의 고도의 전략이나 경영 컨설팅이 이들에게 맞는 이유는 보다 어려운 전략적 업무를 선호하기 때문이다.

라이프 스타일(LS)

의미 있는 경력을 찾고자 하는 많은 사람이 경력은 라이프 스타일의 한 부분이라는 조건을 단다. 이것은 단지 직업과 개인적인 삶의 균형을 이루고자 하는 것은 아니다. 그것은 개인, 가정 그리고 경력에 있어서 필요한 것을 한데 묶을 수 있는 방법을 찾는 것이다. 이 성향의 사람들은 자율성/독립성 성향의 사람들과 마찬가지로 융통성을 원한다는 공통점이 있기는 하나, 필요할 때 적합한 대안을 찾을 수 있는 상황이라면 회사를 위해 성심껏 일한다는 점에서 그들과는 다르다.

여기서 대안이란, 가족의 일로 여행을 하고, 예기치 못한 일로 시간제 근무를 할 수 있는 등 융통성 있게 일할 수 있는 것을 말한다. 라이프 스타일의 성향을 가진 사람들은 특정 프로그램을 제공하는 것보다 개인과 가족의 문제를 반영하는 회사의 태도를 더 높이 평가한다.

"내 생애 커리어 앵커를 찾기 위한 두 번째 여정은
커리어 앵커 자가진단을 통해 자신의 앵커를 알고
8개의 앵커 범주를 이해하는 것이다.
이 과정을 통해 자신과 타인에 대한 이해가 깊어지고
미래와 직업에 대한 준비를 시작하게 될 것이다."

제**2**부

커리어 앵커 참여자 워크북

서 론

　제2부 '워크북'의 목적은 커리어 개발에 대한 정보를 제시함으로써 '커리어 앵커(Career Anchors)'를 보다 완전하게 판단할 수 있도록 하기 위한 과정을 제공하는 것이다. 또한 미래에 선택 가능한 커리어뿐만 아니라 현재의 커리어 상황을 분석할 수 있는 프로세스를 제공하는 것이다. 커리어 개발 프로세스를 향상시키기 위해, 어떻게 커리어가 발전하는지, 그 과정에서 커리어 앵커가 어떤 역할을 하는지, 그리고 직업 특성과 커리어 앵커가 어떻게 관련되어 있는지 충분히 이해해야 한다.

　자신의 커리어 지향(career orientation)에 대한 초기 윤곽을 파악하기 위해 완성한 '커리어 앵커 자가진단(Career Anchors Self-Assessment)'은 커리어 앵커가 어떻게 발전하고, 8가지 유형의 앵커가 어떻게 다르며, 앵커들과 직업 상황 간에 어떤 연관성이 있는가를 더욱 연구하여 보완되어야 한다. 제2부 '워크북'은 개인적인 커리어를 안내하고, 자신의 현재 상황에 대한 통찰을 얻기 위해서 스스로 기록하거나 다른 사람의 도움을 받아 자신을 인터뷰하고 피드백을 받을 수 있도록 구성하였다(93~101쪽 참고).

일/역할 분석과 계획(Job/Role Analysis and Planning)에 대한 내용이 기술된 108쪽 이후의 내용은 현재 커리어와 직업 상황을 분석하는 데 도움이 될 것이며, 미래의 직업 세계에 관해 어떤 생각을 해야 하는지 길잡이가 될 것이고, 미래의 직업 요구 조건에 근거하여 자신의 강점과 약점을 평가할 수 있을 것이다. 그리고 개인적인 발전을 위해 앞으로 무엇을 해야 하는지 결정하는 데 도움을 줄 것이다.

커리어 개발

내부 커리어와 커리어 앵커

'커리어(career)'라는 단어는 다양하게 사용되며, 많은 함축적인 의미를 가지고 있다. 때때로 '커리어를 가지고 있음(having a career)'이라는 용어는 전문직에 있는 사람 또는 전문가로서 삶이 잘 구조화되어 있고 꾸준하게 발전하는 사람에게만 사용된다. 그러나 만일 커리어를 자신의 직업상의 단계나 국면으로 본다면, 모든 사람은 커리어를 가지고 있고, 그러한 커리어는 자신의 역량, 동기 및 가치에 대한 자아상(self-image)에 의해서 영향을 받게 된다.

한 개인의 직업 세계에 대한 다른 사람의 관점과 구분하기 위해 이것을 '내부 커리어(internal career)'라고 본다. 모든 사람은 직업 세계와 그에 따른 역할에 대한 그림을 가지고 있다. '내부 커리어'란 용어와 구분하기 위해, 직업을 통해 진행되는 일이나 조직에서 필요로 하는 실제적인 단계를 지칭하는 용어로 '외부 커리

어(external career)'를 사용할 것이다. 의사가 되기 위해서는 의과
대학, 인턴, 레지던트 과정, 전문의 시험 등의 과정을 마쳐야 한
다. 어떤 조직에서 총괄 관리자가 되기 위해서는 다방면의 지식
을 가진 실제 경영자가 되기 전에 사람들을 통솔하는 경험, 기능
적인 관리직, 해외 부서 순환근무, 직원들을 위한 봉사 등 몇몇 경
영 과정을 거쳐야 한다. 대부분의 '외부 커리어'는 그 사람이 그
일을 하기에 적합한 기술과 개인적 특성을 가지고 있는지 결정하
기 위해 일정 기간 동안 훈련을 받고, 견습(apprenticeship) 과정에
참여하는 기간을 포함한다. 어떤 조직에서는 특정 직책이나 직무
를 획득하기 위한 바람직한 방향과 단계를 정의하는 커리어 경로
를 언급하기도 한다. 군대는 공식적인 커리어 경로를 가장 잘 보
여 주는 예가 되는데, 잘 규정된 계급과 진급에 대한 분명한 원칙
을 가지고 있기 때문이다.

　또 다른 극단적인 예는 점점 더 많은 사람이 '경계 없는 경력' 또
는 '프로티안* 경력(protean career)'이라고 부르는 조금 더 자유로
운 형식의 경력인데, 이런 유형의 커리어는 당사자 본인이 철저
히 관리해야 하고 아마도 다양한 고용주 밑으로 이동할 수도 있
다(Arthur & Rousseau, 1996; Hall, 2002). 과거에 기업들이 '고용 안
정(employment security)'을 약속했던 것에 반해서, 요즘에는 고용
주들은 점점 더 어떠한 약속도 하지 않거나 다른 곳에 고용될 수

---

* 그리스 로마 신화 중 다양한 형태로 변신할 수 있는 프로테우스(Proteus)에서 나온
　개념

있도록 직장훈련기술(on-the-job skill)을 가르친다는 의미의 '고용 가능성(employability)'만을 약속한다.

이럴 때일수록 개개인은 자신의 커리어를 더욱더 잘 관리해야 하며, 한 조직에만 있더라도 내부 커리어와 커리어 앵커가 수행하는 역할을 이해하는 것이 그 어느 때보다도 매우 중요하다.

외부 커리어 단계와 커리어 이동

만일 어떤 한 조직 내에서 외부 커리어를 지칭할 경우, 엄격하게 규정된 커리어의 단계는 보통 형식적인 직업 기준과 조직에 의해 형성된다. 그러므로 젊은 기술자들의 외부 커리어는 입사 형태, 학력 수준 그리고 조직 내부의 '커리어 개발'을 정의하는 설명서를 통해 알 수 있다. 대부분의 조직은 이전 참가자가 경험한 누적된 데이터를 자료로 가지고 있기 때문에 젊은 기술자들이나 관리자들에게 예상되는 단계를 말해 줄 수 있다. 그러나 직업 세계는 바뀌고 있고, 직업과 조직에서의 가시적인 표준 경로는 점점 사라지고 있다.

우리가 수많은 조직과 직업을 살펴보면서 분석한 일반적인 커리어의 단계는 다음과 같다.

1. 희망 취업 분야를 선택하고 해당 분야로 진입하기 위해 교육적으로 사전 준비를 하는 기간

2. 선택한 분야나 직업에서의 공식적 훈련

3. 해당 직업과 조직으로의 진입

4. 학습, 견습, 사회화 기간

5. 영구적 자격을 얻는 종신직, 전문 자격증 혹은 다른 형태의 인증서 등을 취득하면서 개인의 재능을 최대한 활용하는 기간

6. 생산적인 고용 기간

7. 행정, 경영 또는 다른 분야에서 리더가 되는 기간

8. 점진적인 여가, 시간제 근무 그리고 최종 은퇴 기간

　　외부 커리어의 어느 지점에서든지 그 사람은 도전, 기회 그리고 보상이라는 측면에서 자신의 내부 커리어와 커리어 앵커가 외부 커리어가 제공하는 것과 일치하지 않는다는 것을 발견할 수 있다. 그 시점에서 그는 다른 직종으로 자리를 옮겨 가서 전직과 같은 단계를 되풀이해서 밟아 나갈 수 있지만, 종종 한 커리어에서 얻게 된 경험이 다른 커리어에 활용될 수가 있기 때문에 커리어 단계가 더 짧아질 수도 있다. 기술적인 기업에 취직한 기술자가 창업이나 경영에 대한 재능이나 열정을 발견할 수도 있고, 사업을 시작할 수도 있으며, 혹은 관리자로서 기회를 더 많이 제공하는 조직으로 옮겨 갈 수도 있다. 약간의 경영 훈련이 필요할 수도 있고, 혹은 새로운 커리어의 사다리를 처음부터 다시 오를 수도 있다.

　　외부 커리어의 커리어 단계는 다음 세 가지의 다른 차원을 따라 연속적으로 이동하는 것이라 할 수 있다.

- 직업이나 조직의 계층적 구조에서의 수직적 이동
- 조직의 직업 또는 기능적 집단의 다양한 하위 분야에서의 수평적 이동
- 직종이나 조직 내 영향력과 지도력을 발휘할 수 있는 위치로의 중심 이동

내부 커리어 내에서 무엇을 찾느냐에 따라 3가지 차원에서의 이동은 각각 다른 의미를 가지게 된다. 관리자들에게 중요한 것은 수직적 이동이고, 기술자들에게 중요한 것은 새롭고 도전적인 일을 하기 위한 수평적 이동이며, 권력이나 사회적으로 동기화된 사람에게 가장 중요한 영향을 미치는 것은 내부 중심(inner circle)으로 움직이는 것이다. 서로 다른 커리어 앵커를 가진 사람들은 각각 다른 차원에서 움직임을 추구할 것이다. [그림 1]은 이 세 가지 차원을 보여 준다.

각각의 차원은 그것과 관련된 자신만의 단계를 가지고 있지만, 이들은 특정한 직업이나 조직마다 다르다. 요약하면, 외부 커리어 단계는 특정한 직업이나 조직이 정의한 역할과 직위의 연속이다. 그것들은 내부 커리어 단계에 대한 개개인의 의식과 일치할 수도 있고, 그렇지 않을 수도 있다.

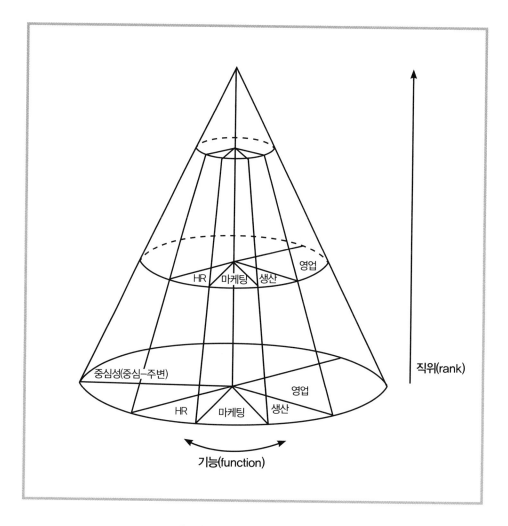

[그림 1] 조직의 3차원 모델

(A Three-Dimensional Model of an Organization)*

* 출처: "The Individual, the Organization, and the Career: A Conceptual Scheme," by E. H. Schein, 1971, *Journal of Applied Behavioral Science*, 7, p. 404. Copyright 1971 by JAI Press, Inc. Reprinted by permission.

내부 커리어에서 커리어 앵커의 개발

우리는 교육이나 일의 경험을 통해 학습의 기회를 갖는다. 각각의 경험이 좋은지 나쁜지, 재미있는지 그렇지 않은지, 유용한지 아닌지를 판단하는 것을 넘어서서 그 경험을 통해 '나 자신에 대해 무엇을 알게 되었는가?'를 묻는 것이 중요하다. 우리는 성장하면서 일(직업) 분야의 실제 현장에서 일어나는 생생한 체험을 얻게 될 뿐만 아니라 경험한 것에 대한 자신의 반응(reaction)을 아는 것도 중요하다. 이러한 반응들은 다음의 세 가지 영역의 용어로 잘 설명할 수 있다.

▶ 기술과 역량(Skills and competencies)

각각의 경험을 통해 내가 무엇을 잘하는지 배워야 한다. 그 배움은 스스로에 대한 평가와 다른 사람에게서 받은 피드백으로부터 함께 온다.

▶ 동기(Motives)

경험을 통해 자신이 정말 원하는 것이 무엇인지를 배워야 한다. 인생의 초기에 자신이 무엇을 원하고, 자신의 직업적 포부가 무엇인지 알 수도 있지만, 다양한 경험을 통해 자신이 좋아하고 싫어하는 것이 있다는 것과 자신의 꿈 중 몇 가지는 비현실적이라는 것을 깨달으면서 새로운 야망을 가지게 된다.

◑ 가치(Values)

경험을 통해 직업이나 조직이 중요하게 여기는 것, 동료들이 가치 있게 여기는 것, 조직 분위기가 자신의 가치와 잘 맞는지, 그 맥락 속에서 가치 있게 여기는 것은 무엇인지를 배워야 한다.

경험을 쌓아 가면서 당신이 무엇을 잘하고 못하는지, 무엇을 원하고 원하지 않는지, 무엇을 가치 있게 여기고 그렇지 않은지에 대한 자아개념(self-concept)을 가지게 되면서 각각의 영역에 대해서 더욱 명확해질 것이다. 이러한 자아개념이 당신의 커리어 앵커다.

이 자아개념은 유년기 및 교육 경험을 통해 얻은 자기 통찰력 위에 세워진다. 그러나 당신의 재능, 동기 그리고 가치가 무엇인지 알기 위해서 실제적인 직업 경험을 풍부하게 하고 난 후에야 비로소 성숙한 자아개념이 형성될 수 있다. 성숙한 자아개념에 대한 학습은 10년 혹은 그 이상, 실제적인 일의 경험을 요구할 수도 있다. 만약 당신이 다양한 경험을 해 왔고 각각의 경험에서 의미 있는 피드백을 받아 왔다면, 자아상은 더욱 빠르게 계발될 것이다. 그러나 만일 커리어 초년기에 일해 본 경험이 적고 최소한의 피드백만 받아 왔다면 훨씬 더 오랜 시간이 필요할지도 모른다.

당신의 재능, 동기 그리고 가치가 밀접하게 관련되어 있기 때문에 당신의 앵커가 무엇인지 발견하는 것은 쉽지 않다. 사람들은 그들이 가치를 두고 동기를 부여한 일을 더 잘하기 위해서 배운다. 그리고 잘하는 일에 가치를 두며 동기를 갖게 된다는 것도 배운다. 사람들은 종종 자신이 하는 일에 대한 명확한 피드백을 받지 못하여 미래의 직업이나 커리어에 대한 환상에 사로잡히거나, 계속된 실패를 경험하거나, 자신이 잘하지 못하는 일을 피하는 방법을 서서히 배우게 된다. 동기 없는 재능은 서서히 위축된다. 반대로 새로운 도전은 잠재되었거나 혹은 숨겨졌던 재능을 드러나게 한다.

초기 직업 선택에 영향을 미치는 재능, 동기 또는 가치에 따라서 사람마다 시작점이 다르다. 그러나 시간이 흐르면서 적합성에 대한 필요가 사람들의 자아개념 중 다른 요소 간에 일관성과 통합성을 찾게 한다. 어떻게 일관성을 배우게 되는가? 사람들은 큰 야망, 기대, 두려움과 환상을 가지고 첫 직업 세계로 진입하지만, 스스로에 대한 정보나 특히 그들의 능력이나 재능에 관한 양질의 정보는 거의 얻지 못한다. 시험과 상담을 통해 지적 기능 및 운동 기능과 자신의 관심, 동기 그리고 가치에 대한 정보를 얻을 수 있지만, 어떤 특정한 일을 얼마나 잘할 수 있을지, 또는 그러한 일에 어떠한 감정적인 반응을 일으킬지에 대하여 정확하게 결정할 수 없다.

특정 분야의 전문성이 필요한 기술적 직업에서 대인관계와 감성 역량이 필요한 관리자나 경영자의 역할로 변화해 가는 것은 지극히 자연스러울 수 있다. 왜냐하면, 우리가 교육받는 기간 동안 특정 분야의 전문지식을 배우는 경우가 많으며, 경영자나 관리자의 역량을 기를 수 있는 기회를 갖기가 쉽지 않기 때문이다. 어떤 사람이 큰돈을 관리하는 일, 고용하거나 해고하는 일, 유능한 부하 직원에게 '안 된다'고 말하는 일 등에 대한 책임감을 실제로 체험하고 나서야 비로소 그 사람이 그런 일을 잘 할 수 있을지 또는 그 일을 좋아하게 될지 확신할 수 있게 된다. 많은 직업 중에서 실제로 수행해 보지 않고 그 일에 스스로 재능이나 감성적인 특성이 맞는지를 말하기는 힘들다.

이러한 이유 때문에 초기 직업은 학습에 있어서 결정적 시기, 즉 직업이나 조직에 대한 학습과 직업의 요구 사항과 관련하여 자기 자신을 배우는 시기다. 이 작업은 때때로 고통스럽고 큰 놀라움을 주기도 한다. 그것은 보통의 사람들이 그들의 초기 직장 환경에 있을 때 주로 가질 수 있는 직업에 대한 오해와 착각 때문이다. 사람들이 꿈꿔 온 일이 자신의 실제적인 경험과 일치하지 않을 수도 있으며, 처음 몇 년간 모든 직장에서 볼 수 있는 '현실 충격(reality shock)'을 일으킬 수도 있다.

일에 관한 경험을 쌓으면서, 선택할 수 있는 기회를 갖게 된다. 이 선택으로부터 당신이 정말 중요하게 생각하는 것을 확인하기 시작한다. 당신이 행사하기를 원하는 결정적인 기술과 능력 또는 삶의 방향을 지배하는 결정적인 필요성과 가치와 같은 중요한 주제가 나타난다. 이러한 요소를 희미하게 느껴 왔을지도 모르지만, 실제적인 삶에서의 경험 부족으로 인해 그것들이 얼마나 중요한지, 또는 주어진 재능이나 동기 혹은 가치가 당신의 총체적인 성격의 다른 요소와 주관적인 분류 체계 안에서 어떻게 연관되어 있는지 알지 못한다. 오직 당신이 어려운 선택을 해야만 할 때, 당신에게 정말로 중요한 것을 결정하기 시작한다.

일의 경험과 피드백의 축적이 명확성과 통찰력을 가져온다. 그리고 더욱더 합리적이고 자신의 권한이 강화된 커리어 결정의 기초가 제공된다. 자아개념은 점점 직업 결정을 구속하는 안내 체계로, 그리고 앵커로 기능하기 시작한다. 당신은 무엇이 '당신'인지, 그리고 무엇이 '당신이 아닌지'를 느끼기 시작한다. 이 지식은 당신을 올바른 방향 또는 '안전한 항구'로 이끌어 준다. 사람들이 자신의 직업 선택에 대해 이야기할 때 그들이 벗어났던 것에서 점점 더 '뒤로 물러서고' 있거나, 아니면 '정말 하고 싶은 것이 무엇인지 발견하고', '자신을 찾고 있다'고 말한다. 만약 이 과정에서 선택이 강요된다면, 폭넓은 목표를 가지기보다는 그들이 포기할 수 없는 것이 무엇인지 명확히 아는 통찰력을 점차 가지도록 인도한다.

여기서 정의된 커리어 앵커는 어려운 선택에 직면했을 때도 포기하지 않을, 한 개인의 자아개념 속에 있는 하나의 요소다. 그리고 만일 자신들이 하는 일에서 자신의 앵커가 드러나는 것을 허용하지 않는다면, 사람들은 그들의 취미나 부업 또는 여가활동 안에서 그것을 표현하는 방법을 찾을 것이다.

8가지의 커리어 앵커 범주

8가지의 커리어 앵커 범주는 장기적인 연구를 통해 발견되었고, 이후에 다른 여러 나라에서 여러 직업에 관한 다양한 연구를 통해 확인되었다(Schein, 1971, 1975, 1977, 1978).

- 전문가적 역량(Technical/Functional Competence: TF)

- 총괄 관리자 역량(General Managerial Competence: GM)

- 자율성/독립성(Autonomy/Independence: AU)

- 보장성/안정성(Security/Stability: SE)

- 창업가 역량(Entrepreneurial Creativity: EC)

- 봉사/헌신(Service/Dedication to a Cause: SV)

- 순수한 도전(Pure Challenge: CH)

- 라이프 스타일(Lifestyle: LS)

이상의 범주들은 '커리어 앵커 자가진단(self-assessment)' 부분에서 간단하게 소개하였고, 여기서 좀 더 자세하게 탐색해 볼 것이다. 이들 8가지 범주 외에 몇몇 다른 범주가 제안되기도 했지만, '개인이 포기할 수 없는 한 가지'라고 정의되는 '앵커'와 일치하는 것은 없었다. 예를 들어, '다양성' '지위와 정체성' 그리고 '권력'이 추가적인 앵커로 제시되었으나 일치되지 않는 것으로 연구되었기 때문에 오리엔테이션 질문에 포함시키지 않았다. 이 범주들을 볼 때 당신은 모든 사람이 어느 정도는 이 문제들을 '고려'하고 있다는 것을 알게 될 것이다. 그리고 대부분의 직업은 이 몇 가지 영역에서의 니즈를 충족시킬 수 있다. 그러나 아마도 모든 사람에게 똑같이 중요하지는 않을 것이므로 자신의 앵커들 간에 형성된 상대적인 힘을 아는 것과 선택하도록 강요받을 때 당신이 무엇을 포기하지 않을지 아는 것이 중요하다.

이 개념을 충분히 이해하고 자신의 앵커를 결정하려면, 각각의 앵커를 보다 자세히 살펴보아야 한다. 또한 다른 앵커를 가지고 있는 사람들이 서로 어떻게 다른지 이해할 필요가 있다. 다음의 8가지 앵커에 대한 설명은 이러한 정보를 제공하기 위한 것이다. 각각의 내용은 앵커의 일반적인 특성으로 시작되고, 일의 유형, 급여와 복지, 성장의 기회 그리고 각 앵커를 가진 사람이 선호하는 인정의 유형을 설명하고 있다.

전문가적 역량(TF)

몇몇 사람들은 자신의 커리어를 펼쳐 가면서 특정한 일에 대해 뛰어난 재능과 높은 동기를 가지고 있다는 것을 알게 된다. 진정 '그들을 일하게 만드는 것'은 재능의 실현과 그들 자신이 전문가인 것을 스스로 느끼는 만족이다. 이러한 일은 어디서나 일어날 수 있다. 예를 들어, 엔지니어들은 자신이 디자인을 매우 잘한다는 것을 안다. 영업 사원은 자신이 제품을 판매하는 데 천부적인 재능과 열정이 있다는 것을 안다. 제조업에 종사하는 관리자들은 복잡한 공장을 운영하는 일에서 굉장한 기쁨을 느낀다. 금융분석가는 복잡한 자본 투자 문제를 해결하는 데서 재능과 기쁨을 발견한다. 교사는 자기 분야에서 전문지식이 쌓여 가는 것에서 기쁨을 느낀다.

전문가적 역량을 앵커로 가진 사람들은 자신의 커리어를 따라서 승진하기 때문에, 만약 그들이 덜 만족하고 덜 전문적인 다른 분야로 이동하면 만족감과 기술이 감소한다는 것을 알아차린다. 그들은 능력과 즐거움 측면에서 후퇴한다고 느끼기 시작할 것이다. 그들은 자신의 일과 관련된 내용, 그들이 지향하는 전문가적 영역 그리고 해당 영역에서의 기술 발달에 따라 정체감을 형성한다.

이 유형의 사람들은 자신의 전문화된 삶에 전념하며, 만일 그들이 전문지식 분야를 추구하는 것이 가능하다면 기꺼이 자신의 분야에서 관리자가 되고자 하지만, 총괄 관리자가 되는 것에 대해서는 평가절하한다. 조직의 초기 단계는 전문성 개발을 포함하고 있기 때문에 대부분의 커리어는 전문가적 역량 유형으로 시작한다. 그러나 모두가 전문성 향상에 관심이 있는 것은 아니다. 어떤 사람들에게는 전문성 그 자체가 목표가 아니라, 조직의 확실한 구성원으로 인정받기 위한 수단이 된다. 또 어떤 사람들에게 그것은 단순히 높은 단계에 도달하기 위해 밟아야 할 징검다리이자 총괄 관리자가 되기 위한 필수적인 단계일 뿐이다. 또 다른 사람들에게 전문직은 독립적인 또는 기업적인 활동을 시작하기 위해 필요한 기술을 얻는 기회가 된다. 결과적으로 많은 사람이 전문직으로 시작하지만, 오직 소수의 사람만이 본질적으로 자신의 전문성을 따라 커리어 앵커를 개발하는 것이 충분한 보상이 된다는 것을 발견한다.

선호하는 일의 유형

이 집단에 속한 구성원들에게 가장 중요한 일의 특징은 그 일이 자신에게 도전 기회를 주는가 하는 점이다. 만일 그 일이 그들의 능력이나 기술을 시험하지 않는다면, 그들은 그 일을 지루해하고 의미를 잃어 다른 일을 찾게 될 것이다. 전문가적 역량을 가진 사람들의 자존감은 자신의 재능을 시험하고 도전하는 것에 달려 있기 때문에, 그러한 능력을 발휘할 수 있도록 하는 업무가 필요하다. 비록 어떤 사람들은 일의 맥락에 더 많은 관심을 두기도 하지만, 이런 유형의 사람들은 일의 본질적인 내용에 더 큰 관심을 갖는다.

조직에 헌신적인 전문가적 역량을 가진 사람들은(독립적 컨설턴트 혹은 수공예 장인과는 반대로) 구성원과 목표 설정을 공유할 의지가 있으며, 또 공유하고자 한다. 그러나 목표가 합의에 이르고 나면, 그들은 일을 실행하기 위한 최대한의 독립을 요구한다. 실행에서의 독립뿐만 아니라 일을 수행할 때 필요로 하는 시설, 예산 그리고 모든 종류의 자원을 제한 없이 사용하기를 원한다. 종종 특정 기능에 대한 비용을 줄이려는 총괄 관리자와 일을 수행하기 위해 어떤 비용이라도 지불하려는 그들 사이에 갈등이 생기기도 한다.

이 유형의 사람은 일을 완성하는 것이 중요하다고 믿기 때문에, 그 일을 하는 동안 행정이나 관리 일은 관대하게 다룰 것이다. 그러나 그런 일들은 본질적으로 즐겁고 매력적이기보다는 필요하지만 고통스러운 것으로 본다. 총괄 관리직으로의 승진은 자신의 전문성을 버리게 하는 것이므로 바람직하지 않은 것으로 본다.

이들은 관리의 대인관계적 측면과 관련된 재능이 다양해서, 만일 이 유형의 사람이 관리자로 승진한 후 자신이 관리에 재능이 없다는 사실을 깨닫게 되면, 조직적으로 완전히 단절되는 딜레마에 빠진다. 한 번 관리직에 몸담으면 대부분의 직업 경로에서 전문직으로 되돌아가는 것은 쉽지 않다.

전문적인 직업에서 승진하는 동안 실행 가능한 역할과 도전적인 일을 찾는 것은 개인과 조직 모두에 어려운 과제가 될 수 있다. 젊은이들에게 스승과 멘토가 되는 것이 하나의 해결책이 될 수도 있다. 연륜과 경험이 많은 전문가의 조언을 듣고 주의 깊게 일을 재설계하는 것이 또 다른 방법이며, 이런 사람은 자신의 전문 분야에서 다방면의 기술과 기능을 가진 특별한 존재이기 때문에 문제에 대해 더 넓은 시야를 가질 수 있다.

선호하는 급여 및 복지 유형

이 유형의 사람들은 주로 교육 수준과 일의 경험에 의해 정해진 그들의 기술 수준에 맞게 급여가 지불되기를 원한다. 박사학위를 소유한 사람은 실제의 업적과 상관없이 석사학위를 가진 사람보다 더 많은 급여를 받기 원한다. 이들은 외적인 동등함(external equity)을 지향하는데, 그것은 그들의 급여를 다른 조직 내의 같은 수준의 기술을 가진 사람들의 급여와 비교한다는 것을 의미한다. 심지어 그들이 자신의 조직 내에서 최고의 급여를 받는다 하더라도, 다른 조직에서 비슷한 위치에 있는 사람과 비교하여 적게 받는다면 공정하게 대우받지 못한다고 느낄 것이다.

또한 이들은 보너스나 스톡옵션과 같은 특별 인센티브보다는 급여를 더 많이 받길 원한다. 그들은 자신들이 쉽게 직장을 이동할 수 있다고 보고, 원하는 만큼 보상을 받고자 하기 때문에, 그들이 필요한 보상의 종류를 선택할 수 있는 소위 '선택적 복리후생'(예: 생명보험, 은퇴 프로그램)이 가능한 조건을 선호한다. 그들은 도전적이지 않은 일에 갇힐 수 있기 때문에 '경영 특별우대조치(golden handcuff, 전직 방지 및 인재 확보를 위한 특별 고용 계약)'를 받는 것을 두려워한다.

선호하는 성장의 기회

이 집단에서 성장은 지속적으로 새로운 업무 과제에 의해 제시된 기술적 도전으로 측정된다. '승진' 역시 자율성의 증진과 교육 기회의 제공으로 측정된다. 이 집단의 사람들은 전형적인 관리 경로와 나란히 놓여 있는 전문적·기술적 승진 경로를 분명하게 선호한다. 그들은 행정직 혹은 관리직의 승진 경로(상부로 올라갈수록 자신의 전문성을 발휘하기보다는 관리에 집중하는 경향성)와 동일한 승진 시스템을 싫어한다. 기능적 경로는 주로 연구·개발과 공학 조직에서 기본적으로 사용되어 왔지만, 조직에 존재하는 다른 기능의 전문가들(예: 금융, 마케팅, 제조, 영업)에게도 적용할 수 있다. 여전히 전문가적 역량을 가진 사람의 성장 요구 조건에 진정으로 상응하는 커리어 경로를 개발해 온 조직은 거의 없다.

이 유형에 해당하는 사람의 성장은 직급의 승진일 필요는 없다. 만일 외부적 시장의 형평성이 급여에서 이루어진다면, 이들은 일의 범위가 확장되는 것을 원하고, 더 많은 자원 혹은 책임 분야를 할당받고 싶어 하고, 더 많은 예산이나 기술적 지원 혹은 팀원 배정을 원하게 되며, 태스크포스(Task Force)나 주요 위원회에 배속됨으로써 고위급의 결정에 관여하기를 원하게 될 것이다.

선호하는 인정의 유형

전문가는 경영진의 비공식적 보상보다는 같은 전문 분야의 동료들의 인정(recognition, 자신의 일을 알아주는 것)에 더욱 가치를 둔다. 다시 말해서, 무엇이 성취되었는지 제대로 모르는 관리자가 등을 토닥거리기보다는 동료 전문가나 그 일이 얼마나 힘들었는지를 아는 팀원들이 전문성을 인정해 주는 것에 가치를 부여한다.

가치 있다고 평가된 인정의 유형 중 가장 상위에는 향후 학습의 기회와 자신의 전문성 계발이 위치한다. 그러므로 교육의 기회, 조직에서 지원하는 안식년, 전문가 회의 참석, 책이나 장비를 구입하기 위한 예산 등에 높은 가치를 부여한다. 이 점은 연륜 있는 전문가적 역량을 가진 사람들에게 더욱 그렇다.

이 집단은 지속적인 교육뿐만 아니라 동료들이나 다른 조직의 구성원들에게서 공식적으로 인정받는 것에 가치를 둔다. 이들은 상장, 상, 언론의 주목 그리고 다른 대중의 인정이 추가 급여를 받는 것보다 더 중요하다고 생각한다.

전문가적 역량 앵커를 가진 사람들은 잘못된 조직 관리에 가장 취약한데, 왜냐하면 조직의 커리어는 특정 분야의 전문성과 상당히 다른 것에 가치를 두는 관리자들에 의해 설계되는 경향이 있기 때문이다. 요약하면, 승진이라는 관점에서 볼 때 이러한 유형의 사람은 오직 기술적인 경로에 올라서 조직에서 더욱 영향력 있는 사람이 되기를 원한다. 그러나 이들은 상호 기능적(cross-functional) 역할로 이동하거나 총괄 관리자로의 이동 경로에는 저항하는 경향이 있다.

총괄 관리자 역량(GM)

어떤 사람들은 커리어가 쌓여 가면서 총괄 관리자가 되기를 원한다는 것을 발견하는데, 관리(management) 그 자체가 자신의 관심을 불러일으키고, 총괄 관리자가 되기 위해 필요한 능력을 갖추고 있으며, 조직에서 높은 곳으로 올라가려는 야망이 있어서 주요 정책을 결정하고, 자신이 노력하여 일을 성취하고, 그에 따른 결과를 책임지기를 원한다.

이 집단의 사람들은 전문가적 역량 앵커를 가진 사람들과 다른데, 사업 또는 산업에서 총괄 관리자의 일을 잘하기 위해 전문인이 되어야 하는 것을 알면서도 그들은 전문화를 덫으로 간주한다. 이 집단의 사람들의 주요 가치와 동기는 더 높은 수준의 책임, 조직의 성공에의 기여, 그리고 높은 수입을 위한 승진 경로를 따라가는 것이다.

그들이 처음 조직에 발을 들여놓을 때, 대부분의 사람은 앞서가기를 원한다. 그들의 대부분은 가장 높은 곳으로 올라가려는 야망에 대해 분명히 이야기하지만, 가장 높은 자리로 가기 위해서 재능, 동기 그리고 가치에 있어서 무엇이 요구되는지에 대한 실제적인 그림을 가지고 있는 사람은 거의 없다. 그들에게 더욱 분명한 것은 가장 높은 곳에 올라가기 위해, 경험과 함께 높은 수준의 동기뿐만 아니라 다음 세 가지 기초 분야(분석력, 대인 간/그룹 간 역량, 감성 역량)에서의 재능과 경험이 함께 어우러져야 한다는 것이다.

● 분석력

분석력(analytical competence)은 불완전한 정보와 불확실한 상황에서 문제를 정의하고, 검토하며, 종합하고, 해결하는 능력이다. 총괄 관리자는 문제의 중심에 접근하기 위해 관련 없는 사항을 가능한 걸러 내야 한다. 또한 명확한 증거 없이도 정보의 신뢰성과 타당성을 판단하여 잘 해결될 수 있는 방법으로 마지막에 문제나 질문을 제기하기 위해 계속해서 진행 상황을 점검하고 판단하는 것이 강조된다. 조직의 성공적인 미래와 관련 있는 재무, 마케팅, 기술, 인적 자원 그리고 다른 요소들이 문제의 진술 속에서 결합되어야 한다.

흔히 총괄 관리자는 '의사결정자'라고 불린다. 그러나 총괄 관리자는 '문제를 규명하고, 진술하는 능력이 있는 사람'이라고 칭하는 것이 아마 더 정확할 것이다. 총괄 관리자는 의사결정 과정을 관리하고, 그것을 위해 범기능적이고 통합적으로 사고할 수 있어야 한다. 이들에게는 분석력 다음으로 대인 간/그룹 간 역량이 요구된다.

◐ 대인 간/그룹 간 역량

대인 간/그룹 간 역량은 조직의 목표 달성을 위해 조직 내의 모든 사람에게 영향을 미치고, 이끌며, 다루고, 통제하는 능력이다. 총괄 관리자는 다른 사람들에게서 타당한 정보를 끌어내고, 아래에서 제공하는 정보에 귀를 기울이고, 행동할 줄 알고, 문제해결 과정에 사람들이 협력하여 함께 결과물을 만들어 내고, 그들이 아는 것을 문제해결 과정에 적용하도록 동기를 부여할 줄 안다. 또한 목표를 이루는 과정에서 분명하게 의사소통하고, 의사결정 과정을 촉진하여 결정을 실행하며, 과정을 관찰하고, 필요하다면 개선하는 행동 능력을 포함한다.

의사결정을 하기 위해 활용되는 많은 기술적인 정보는 전문가적 역량을 앵커로 가진 부하 직원들과 동료들이 가지고 있다. 그러므로 결정력이라는 자질은 문제해결을 위해 적절한 사람들을 모으고, 이들에게서 완전한 정보 교환과 헌신을 끌어내기 위한 환경을 조성하는 총괄 관리자의 능력에 따라 달라진다. 조직이 점점 더 기술적으로 복잡해지고 세계화될수록 총괄 관리자들은 더욱더 다문화적으로 변하게 되는데, 이는 총괄 관리자들이 다문화 간 의사소통과 대화를 이끌어 내는 환경을 창출해야 한다는 의미를 지닌다. 복잡한 문제가 그룹의 더 정교한 기술을 요하기 때문에 다기능적·다문화적 그룹에서 더 많은 의사결정이 이루어질 것이다. 문제가 더 복잡할수록 많은 의제와 접근법을 일관성 있는 전략으로 통합하는 것과 그것을 성공적으로 실행하는 것에 대한 보상도 더욱 복잡해질 것이다.

신임 관리자들은 종종 다른 사람들을 감독하는 일과 집단 상황을 감독하고 관리하는 일에 재능이 있는지 궁금해한다. 학교에서 리더의 역할을 해 보지 않았다면, 대부분의 신임 관리자들은 자신이 어떤 대인관계 기술을 가지고 있고, 자신에게 어떤 기술이 필요한지 알지 못한다. 이 점이 총괄 관리자 후보를 평가할 때, 인사 담당자가 교과과정 외의 활동을 했었는지를 알아보는 이유 중 하나다. 따라서 이러한 직책을 맡았던 실적이나 증거는 개인이나 조직에 중요한 가치가 있다. 일단 신임 관리자가 대인관계와 관련된 일을 잘 처리하고 즐거워하는지 자신을 확인할 기회를 갖게 되면 자신감과 야망도 급속히 증가한다.

감독하는 일에 재능이 없거나 정말 그 일을 좋아하지 않는다고 깨달은 사람은 전문가적 자율성, 심지어 창업가적인 활동에도 그들의 커리어 앵커를 세운다. 만일 그들이 총괄 관리자 일에 적합하지 않다면, 불이익 없이 관리자 역할에서 벗어나는 것이 가능하도록 하는 커리어 시스템을 만드는 것이 매우 중요하다. 모든 최고 기술자나 영업 사원이 관리자로 승진되지만, 그 역할에 실패하고 그곳에 갇힌 채, 조직의 효율성과 자신의 커리어에 피할 수 없는 손실을 가져오는 결과가 빈번하게 발생한다.

◉ 감성 역량

감성 역량이란, 감성적이고 대인관계적 문제와 위기 상황에서 약화되기보다는 자극이 되는 능력, 무기력해지지 않고 높은 수준의 책임감을 감당하는 능력, 높은 수준의 책임에도 경직되지 않고 참아 내는 능력 그리고 죄책감과 부끄러움 없이 능력과 권력을 행사하며 어려운 결정을 내리는 능력을 포함한다. 자신의 업무에 대해 인터뷰한 총괄 관리자들 대부분은 '힘든' 결정을 하기 위한 배움의 고통스러운 과정에 대해 언급하면서 이것이 어떤 일이며, 어떻게 대응해야 하는지 전혀 예상하지 못했다고 말한다. 그들은 자신의 감정을 다루는 일에 자신감을 갖게 될 때, 총괄 관리자로서 성공할 수 있다는 자신감을 갖게 되었다고 한다. 그들이 인용한 예는 다음과 같다.

- 능력 있는 연장자를 해고하기
- 능력 있는 부하 직원들이 각각 진행하고 있는 두 가지 프로그

램 중 하나를 선택하기
- 많은 사람의 운명이 그 기획의 성공과 실패에 달려 있는 것을 알면서도 거액의 투자를 결정하기
- 부하 직원들이 원하지 않을 수도 있는 어려운 일을 시키기
- 사기가 낮은 조직을 격려하기
- 수준 높은 프로젝트를 위해 투쟁하기
- 팀원에게 권위를 이양하고, 그들이 스스로 배울 수 있도록 홀로 두기
- 수백 명 또는 수천 명이 직업을 잃게 될지도 모르는 프로젝트를 그만두기
- 경제적인 파멸을 가져올 수도 있다는 것을 알면서도 해당 지역에서 공장 시설 이전하기
- 실행을 완전히 통제할 수 없으면서도 책임을 의식하고 결정권 갖기

대부분의 총괄 관리자는 이러한 결정을 반복적으로 해야 하며, 가장 어려운 일은 24시간 내내, 일주일 내내, 포기하거나 불안함과 실패 없이 진행한다고 보고한다. 총괄 관리자의 본질적인 일은 불확실성, 대인관계에서의 갈등 그리고 책임감에서 오는 중압감을 이겨 내는 것이다. 이러한 일의 양상은 종종 전문가적 앵커 유형의 사람을 밀어내기도 하지만, 총괄 관리자적 역량을 가지고 있는 이들에게는 흥분과 동기를 불러일으킨다.

총괄 관리자는 분석력, 대인 간/그룹 간 역량 그리고 감성 역량

이 통합되어 있다는 측면에서 다른 유형의 사람들과 다르다. 이들은 각 분야마다 어느 정도의 능력을 가지고 있지 않으면 기능을 수행하기 어렵다. 전문가는 하나의 기술 요소만 개발하더라도 역할을 수행해 나갈 수 있는 반면, 총괄 관리자의 본질은 이러한 기술의 통합에 있다. 총괄 관리자는 이러한 점에서 기능적 관리자와 전적으로 다르며, 역량(competencies)은 실제적인 경험을 통해서만 배울 수 있기 때문에 총괄 관리자가 되기 위해 오랜 시간 실제적 체험을 통한 배움이 필요하다.

선호하는 일의 유형

총괄 관리자 앵커를 가지고 있는 사람들은 높은 수준의 책임감, 도전적이고 다양하며 통합적인 일, 리더십을 발휘할 수 있는 기회 그리고 조직의 성공에 기여할 수 있는 기회를 원한다. 그들은 업무 할당의 매력을 그 일이 조직의 성공에 있어 얼마나 중요한가 하는 기준에서 찾을 것이다. 그리고 그들은 조직에 강력한 일체감을 가지며, 자신들이 일을 얼마나 잘 수행했는지의 여부로 조직의 성공과 실패를 가늠한다. 어떤 점에서 그들은 진정한 '조직의 구성원'이다. 그들의 정체성은 조직을 효과적으로 관리하는 데 달려 있다. 이 일체감은 조직의 내부와 외부에 있는 전문가 혹은 기술 동료 집단에서 그 일체감이 만들어지는 전문가적 앵커를 가진 유형과는 선명하게 대조를 이룬다.

선호하는 급여 및 복지 유형

총괄 관리자 유형의 사람들은 소득으로 자신을 평가하고, 높은 보수를 기대한다. 이들은 전문가적 유형의 사람들과는 대조적으로 내재적 가치보다 외재적 가치를 더욱 지향하며, 부하 직원들보다 훨씬 더 많은 보수를 원하고, 다른 조직에서 자신의 위치에 있는 사람들의 소득이 더 많더라도 자신이 원하는 조건이 충족된다면 만족해한다. 또한 조직이 목표를 달성했을 때 주는 보너스와 같은 보상을 원한다. 그리고 조직과 자신을 동일시하기 때문에 소유권과 운명을 함께하는 느낌을 주는 스톡옵션과 같은 것을 선호한다.

총괄 관리자 역량을 가진 사람들은 안정성 유형의 사람들과 마찬가지로 '퇴직금(golden handcuffs, 황금 수갑)*'과 같은 특별히 은퇴 후에 좋은 혜택을 받고 싶어 한다. 이들의 커리어는 회사에 매여 있어서 중년이나 그 이후에는 이동이 쉽지 않다. 그러나 이제 많은 총괄 관리자가 회사를 옮기면서, 기존 회사에서 혜택을 받았던 다양한 혜택 정책을 계승하거나 그에 상응하는 혜택을 협상할 수 있다. 특정 산업이나 기업의 내부 지식이 의사결정 과정에서 중요하므로 그러한 이동이 가능하거나 성공할지는 분명하지 않다.

새로운 전문성이 총괄 관리부서 내에서 자체적으로 일어날 가능성이 있다. 무너져 가는 회사로 들어가 수익성이 있는 상황으

---

* golden handcuffs(황금 수갑): 근로자가 회사를 이직하지 못하고 헌신하도록 부여하는 혜택(예: 퇴직금). 즉, 조직에 머물러 있도록 묶어 두는 인센티브.

로 돌리는 '회생 관리자(turnaround manager)', 해외에 있는 조직의 새로운 부서를 만들거나 새로운 상품을 개발하고 판매하는 '창업 매니저(start-up manager)' 또는 주요 무기 시스템이나 새로운 항공기, 정유 공장 건물을 세우는 일을 발전시키고, 복잡한 기업 내의 여러 기능을 통합하는 '프로젝트 관리자'들이 그 예다.

선호하는 성장의 유형

총괄 관리자 유형의 사람들이 인정받는 방식은 이익, 수행 정도, 결과에 대해 더 많은 책임이 주어지는 직위로 승진하는 것이다. 인성, 스타일, 연공, 정치 및 기타 요소들이 지위를 결정한다고 알려져 있음에도, 결과를 얻는 능력이 가장 중요한 범주가 되어야 한다고 총괄 관리자들은 믿는다. 다른 모든 요소는 결과를 얻는 데 중요하기 때문에 인정된다.

선호하는 인정의 유형

총괄 관리자 유형의 사람에게 가장 중요한 인정은 더 많은 책임이 있는 자리로 승진하는 것이다. 직위는 계급, 명칭, 급여, 팀원의 수, 예산의 규모뿐만 아니라 기획이나 부서의 상사들에 의해 정해지는 비교적 덜 현실적인 요소(회사의 미래를 향한 기획 또는 부서의 중요성과 같은 것)에 의해 측정된다. 그들은 승진을 자주 기대한다. 만일 주어진 일을 너무 오랫동안 맡고 있다면, 일을 제대로 수행하고 있지 못하거나 인정받지 못하고 있다고 추정하게 될 것이다.

모든 조직 문화는 승진을 위한 명시적이고 암묵적인 시간표를 가지고 있다. 관리자들은 조직의 시간표에 따라 이동함으로써 일부분 자신의 성공을 측정한다. 그러므로 이동 그 자체가 수평적이거나 하강이 아니라면, 중요한 인정의 방식이 된다. 조직은 때로는 야망 있는 총괄 관리자를 위한 비공식적·암묵적 커리어 경로를 개발하기도 한다. 재무에서 마케팅으로 이동하고, 그리고 난 후에 해외 지사의 관리직을 인계받는다. 그리고 본사로 이동한 뒤, 결국은 부서를 인계받는다. 만약 승진이 이러한 전형적인 절차를 따르지 않으면, 이들은 '정도(正道)에서 벗어났음'을 걱정하면서 잠재력을 잃을 수 있다. 이러한 이유로 자신에게 알맞은 직종으로 이동하는 것이 또 다른 인정의 중요한 유형이다.

이 유형의 사람은 큰 사무실, 차, 특별한 권한 그리고 가장 중요하게 여기는 상사의 인정과 같이, 높은 사회적 신분을 상징하는 것에 큰 관심을 보인다. 전문가적 역량 유형의 사람이 자신의 일을 잘 이해하는 사람에게 인정받는 것에만 가치를 두는 반면, 총괄 관리자 유형은 자신에게 가장 중요한, 직책과 승진을 관리하는 상사의 인정에 가치를 둔다.

요약하면, 총괄 관리자 유형의 사람 혹은 최고 관리자를 열망하는 사람은 비슷한 종류의 일을 하더라도 조직 내의 다른 사람들과는 매우 다른 성향을 지닌다. 자신이 총괄 관리자에게 필요한 분석력, 대인 간 역량 그리고 감성 역량을 가지고 있는지를 판단하기 때문에 필요한 정보를 충분히 얻자마자 이러한 성향을 발전시켜 나간다. 어떤 이들은 이러한 통찰력을 일찍 획득한다. 만일 조직이 그들의 필요에 신속하게 반응하지 않는다면, 그들은 책임 있는 자리에 더 빨리 도달할 수 있는 다른 조직을 찾아낼 것이다.

자율성/독립성(AU)

어떤 사람들은 특정 조직이나 지켜야 할 규칙, 절차, 근무 시간, 복장 규정 등의 규율에 얽매여 살 수 없다는 것을 일찌감치 알아차린다. 이런 사람들은 어떤 일을 하든지 그들 자신만의 방법, 속도 그리고 기준에 준하여 최우선시되는 일을 해야 한다. 그들은 조직에서의 생활이 제한적이고, 비이성적이며, 사생활을 침해한다는 사실을 발견한다. 그래서 영업직같이 최대한의 자유를 제공하는 독립적인 직업을 추구하거나 조직의 일을 선호한다. 만일 자율성을 허용하는 현재의 직업과 자율성을 포기해야만 하는 조건이 더 나은 직업 중에서 선택해야만 한다면, 자율적이고 독립적인 앵커를 가진 사람은 현재의 직업을 선택할 것이다.

모든 사람은 자율성을 필요로 하며, 이는 삶의 과정에서 다양하게 드러난다. 그리고 어떤 이들에게는 이 자유가 다른 그 무엇보다도 중요하다. 그들은 항상 자신이 주인이어야 한다고 생각한다. 그것은 어릴 적부터 극도의 자율성을 필요로 하는 외동아이로 자란 결과이거나 의사나 교수와 같이 교육과정 자체가 독립성과 책임감을 길러 주는 높은 수준의 교육 방식에 의한 결과다. 때때로 이러한 감정은 자기 의존성과 독립적인 판단을 강조하는 자녀 양육 방식에 의해서 어린 시절부터 발달되기도 한다.

이러한 유형의 사람은 자율적인 직업에 이끌리며, 자신만의 커리어를 만들어 간다. 사업이나 경영에 관심이 있다면 컨설팅이나 가르치는 일을 할 수 있다. 또는 큰 조직에서 일하더라도 비교적 자율적으로 할 수 있는 일, 연구·개발, 현장 판매, 정보처리, 시장조사·분석 또는 지리적으로 본사와 멀리 떨어진 단일 조직의 경영 분야에서 일할 수도 있다.

선호하는 일의 유형

자율성을 추구하는 유형의 사람들은 명확하게 기술된 전문 분야나 시간 제한이 있는 유형의 일을 선호한다. 계약직이나 프로젝트, 시간제 근무나 전일제 근무, 심지어 프리랜서직도 모두 수용 가능하고 바라는 일일 수 있다. 이 유형의 사람은 목표를 명확하게 정하기를 원하지만, 일을 성취하는 방식은 자신에게 맡겨지기를 원한다. 이들은 밀착된 관리를 견디지 못한다. 조직이 정한 목적이나 목표에는 동의하지만, 일단 목표가 설정되고 나면 자기 혼자 남기를 원한다.

선호하는 급여 및 복지 유형

자율성 추구형은 '퇴직금'에는 전혀 관심이 없다. 이들은 실적에 따른 급여 인상, 즉각적인 급여, 보너스 그리고 다른 종류의 조건 없는 보상을 선호한다. 자율성을 추구하는 유형은 주어진 시점에서 자신의 상황에 가장 잘 맞고 선택 가능한 '선택형 복지' 방식을 선호한다.

선호하는 성장의 기회

자율성 추구형은 이전 업적이 반영된 승진에 가장 큰 반응을 보인다. 심지어 이전 직업보다 더 많은 자유를 얻기 위해 새로운 직업을 원하기도 한다. 다시 말해서, 이 유형에게 승진은 더 많은 자율성을 제공해야만 하는 것이다. 만약 더 많은 직위나 책임이 주어지는 것이 자율성을 빼앗아 간다면 이 유형의 사람을 위협하는 것이 될 수 있다. 자율성을 추구하는 영업 사원은 영업부장이 된다면 덜 자유로워질 수 있다는 것을 알기 때문에 때로는 승진을 거절하기도 한다. 어떤 교수는 학과장이나 학생처장이 되면 덜 자유롭다는 것을 알고 평교수로 계속 남는 것을 선택하기도 한다.

선호하는 인정의 유형

자율성을 추구하는 사람들은 승진, 직함 변경, 심지어 재정적 보너스보다 휴대가 쉬운 메달, 기념물, 위임장, 상, 수여품 등의 보상에 더 큰 의미를 둔다.

하지만 대부분의 보상제도는 자율성을 추구하는 유형의 사람들과 합의가 이루어질 정도로 설계되어 있지 않다. 그러므로 이 유형의 사람들은 조직의 형식적인 절차에 대해 혐오감을 느끼고 불평하며 떠나기도 한다. 만약 그들의 재능이 조직에 필요하지 않다면 아무런 손해가 발생하지 않겠지만, 컴퓨터 프로그래머, 재무분석가 또는 현장의 영업부장과 같이 조직의 핵심 인물이 자율성 추구형인 경우, 조직이 그들의 마음에 들도록 인사제도를 재설계하는 것이 중요해진다. 그러나 대부분의 시스템은 자율성 추구형이 선호하는 형태인 계약직이나 시간제 근무에 맞추어져 있지 않기 때문에 재설계는 쉽지 않다.

보장성/안정성(SE)

어떤 사람들은 안정감을 느끼고, 미래의 일이 예측 가능하며, 자신이 '해냈다'는 것에 안심하기 위해서 직접 자신의 커리어를 만들어 나가고자 한다. 누구나 삶을 살아가면서 어느 정도의 보장성과 안정성이 필요하다. 그리고 삶의 어느 단계에서 재정적인 보장은 자녀의 양육과 가족의 생활을 위해, 그리고 은퇴가 다가옴에 따라서 그것들은 다른 무엇보다 더 중요한 사안이 될 수 있다. 그러나 몇몇 사람들에게 보장성과 안정성은 직업과 관련된 모든 중요한 결정에 있어서 안내와 제한을 결정할 정도로 지배적이다.

보장성과 안정성을 추구하는 유형의 사람들은 종신직을 주고, 직원을 해고하지 않으며 탄탄한 은퇴 설계와 보상 프로그램, 믿음을 주는 조직과 일을 찾는다. 이러한 이유로 정부직, 공무원이 이 유형의 사람들에게 매력적이기도 하다.

보장성/안정성 유형의 사람들은 '퇴직금'을 환영하며, 자신의 커리어 관리권을 고용주에게 기꺼이 맡기려 한다. 그들은 높은 직위를 갖거나 중요한 일을 하지 않더라도 조직 내에서 자신의 정체성을 확인하는 것으로 어느 정도의 만족감을 느낀다. 종신직을 받는 대신에 그들이 무슨 일을 할 것인지, 어디로 출장을 갈 것인지, 어디에서 살고, 얼마나 자주 업무를 교체할 것인지 등을 알려고 할 것이다. 이 때문에 야망이나 업적에 큰 가치를 두는 문화에서 그들은 간혹 야망이 부족한 것으로 인식되거나 무시되는 것처럼 보일 수도 있는데, 이러한 고정관념은 부당할 수 있다. 왜냐하면, 이 유형의 어떤 사람들은 낮은 직급에서 시작해서 높은 관리직으로 승진해 갔기 때문이다. 그들이 대기업에서 중간 관리직에 이르렀을 때, 그들은 사회경제학적으로 시작된 위치로 인해 진정 그들이 무언가를 해냈다고 생각한다. 이 집단에서 역량이 뛰어난 이들은 조직의 높은 직위에 이르지만, 그들은 점진적이고 예측 가능한 수행을 필요로 하는 직업을 선호한다. 그러나 능력이 부족한 사람들은 중간 경영자나 직원 자리에서 물러나고 서서히 참여가 줄어들게 된다.

선호하는 일의 유형

보장성/안정성 유형의 사람들은 안정적이고 예측 가능한 일을 원하고, 일 자체의 본질보다 일의 조건에 더 큰 관심을 가진다. 직무 다양성, 직업적 도전 그리고 다른 고유한 내재적 동기 부여가 되는 도구보다는 급여 개선, 쾌적한 업무 환경 그리고 혜택을 보다 더 중요하게 여긴다. 많은 조직의 일들이 이러한 특성을 가지고 있고, 모든 조직의 직원 대다수는 안정성과 전문가적 역량을 추구하는 경향이 높다.

선호하는 급여 및 복지 유형

보장성/안정성 유형의 사람은 근무 기간을 기반으로 꾸준하게 예측 가능한 급여의 상승을 원한다. 이러한 사람들은 직원 주식 매매권, 의료 혜택과 은퇴 프로그램을 강조하는 여러 가지 혜택 상품을 선호한다. 스톡옵션과 퇴직금을 보너스나 예측 불허의 급여보다 좋게 생각한다.

선호하는 성장의 기회

보장성/안정성 유형은 안정성 기반의 승진 체제를 선호하며, 승진하기 전에 주어진 직급의 위치에서 얼마 동안 일해야 하는지 상세히 설명해 주는 등급-직위 체계에 관한 정보를 원한다. 이 유형의 사람은 학교나 대학에서 볼 수 있는 종신직을 선호한다.

선호하는 인정의 유형

보장성/안정성 유형의 사람은 향후 안정과 지속되는 고용을 확신시켜 주면서 자신의 충성심과 꾸준한 성과가 인정되기를 원한다. 무엇보다도 이 유형의 사람들은 충성심(loyalty)이야말로 조직의 성과에 지대한 영향을 미치는 것이라고 믿고 있다.

복잡성이 증가하고 세계화가 진행되면서 기업에서의 정년 보장이 불확실해지고 있지만, 대부분의 인사제도는 이 유형의 사람에 맞게 잘 구성되어 있다. 이러한 이유 때문에 외부 커리어 시스템이 정년 보장이라는 고용 안정에서 단기 계약이나 임시직 고용으로 전환됨에 따라 가장 상처받기 쉬운 사람들이 보장성/안정성 앵커를 가진 유형의 사람들이다.

창업가 역량(EC)*

이 유형의 사람들은 인생 전반기에 새로운 상품을 개발하거나 서비스를 기획하고, 사업체로 만들어 새로운 회사를 세우거나, 기존의 사업체를 인수하여 변형함으로써 과감히 사업을 창조하는 일에 최우선의 필요성을 느낀다.

창의성(creativity)은 어떤 형태로든 모든 커리어 앵커 집단에 존

---

* 원래의 표현인 'Entrepreneurial Creativity'를 '기업가적 창의성'이라고 번역할 수도 있지만, 창업가 역량 또는 앙트러프러너십 역량(Entrepreneurship Competence: EC)으로 번역하였다. 그 이유는 앙트러프러너십을 '기업가 정신'이라고 번역하여 사용하고 있기 때문에, 이 용어가 함축하고 있는 본래적 의미가 왜곡될 소지가 있다고 판단했기 때문이다. 우리가 아는 앙트러프러너(Entrepreneur)는 CEO를 지칭하는 기업가(企業家)가 아니라, 새로운 업(業), 조직, 시스템을 일으켜 세운다(혹은 만들어 낸다)는 의미이기 때문에, 기업가(起業家) 또는 창업가라고 해석하는 것이 더 적절하다. 또한 박수홍(2010)의 논문에 따르면, 앙트러프러너십은 '창의성'을 포함하는 개념이며, 앙트러프러너십 역량(Entrepreneurship Competence: EC)으로 표기하기로 했으며, 앙트러프러너는 "신복합개념을 고안하여 현실에서 시스템(조직, 사업체, 기관)으로 구현해 낸 사람", 즉 창조적 아이디어를 실세계에서 구현한 실천력을 겸비한 존재로 정의된다. 앙트러프러너로서 불굴의 정신으로 자신의 새로운 아이디어를 현실로 구현해 내고 실천해 나가기 위해서는 (주위의 비판에도 불구하고) 위험 감수, 끈기, 불굴의 의지가 뒤따라야 한다. 이때의 무모한 도전이란, 큰 비용을 들여서 일을 진행하는 것이 아니라 철저하게 관리된 방식으로 접근한다는 의미다. 자신의 아이디어가 새로운 시장을 창출할 것인가? 재무적 위험을 줄일 수 있는가? 새로운 시스템에 필요한 최소한의 조직 범위 등과 같은 'whole business thinker'로서의 기본이 갖추어져야 한다.

재한다. 그러나 이런 창의성이 창업가 역량과 구분되는 점은 어떤 종류의 과감한 사업을 시작하는 것이 커리어와 자기 충족감의 핵심으로 보는 것이다. 발명가, 예술가 또는 연구원 역시 창의성에 크게 의존한다. 그러나 그들은 자신의 창조물을 중심으로 과감하게 사업을 시작하거나 그 일에 깊이 헌신하지 않는다. 반면에 창업가 역량 집단의 창조적인 욕구는 구체적으로 새로운 조직, 생산품 또는 사업가 자신의 노력을 확인할 수 있고, 자신만의 방법으로 살아남으며, 경제적으로 성공하게 될 서비스로 향한다. 그리고 가치를 창출해 내는 것이 성공의 중요한 척도다.

많은 사람이 개인 사업을 꿈꾸며, 자신들의 다양한 커리어 단계에서 그 꿈을 표현한다. 어떤 경우에는 이 꿈이 자율성—자신의 사업을 위해 퇴사하는 것—의 필요함을 표현한다. 창업가 역량을 가진 사람들은 일찍이 고등학교 시절부터 그 꿈을 추구하고, 작은 기획으로 수익을 창출해 내는 일을 꾸미기도 한다. 그들은 자신이 해낼 수 있다는 것을 세상에 보여 주고 싶어 하는 재능과 강한 동기가 있다.

'창업가 역량'과 '자율성/독립성'을 구분하는 것은 중요하다. 많은 사람은 자신의 자율성을 높이기 위해 개인 사업을 하기를 원하고, 소기업을 인수하여 경영함으로써 자신의 니즈를 충족시켜 간다. 자율적/독립적 유형의 사람은 다른 사람에게 간섭을 받지 않고 자율성을 높이기 위해 개인 사업을 하는 경향이 있는 반면, 창업가 역량을 가진 사람들은 기업을 창조할 수 있다는 것을 보여 주는 것에 사로잡혀 있다는 점에서 자율적/독립적 유형의 사람들과 차이가 있다. 이러한 창의성은 사업이 성공하기 전, 초기 단계에 자율성과 안정성 모두를 희생하는 것을 의미하기도 한다. 창업가 유형의 사람들은 종종 그들의 초기 노력이 실패로 돌아오기도 하지만, 계속적인 시도를 위해 기회를 살핀다. 그들은 다음 시도를 계획하고, 따로 회사를 세우는 일을 하는 동안에도 일상적인 직업을 가지고 있을 수도 있다.

예를 들면, 어떤 사람은 부동산 사업을 기획하거나, 여가 시간에 운영할 회사를 찾으면서 기업의 영업 사원이나 중간 관리자로 있을 수도 있다. 어떤 사람을 '창업가'로 만드는 것은 새로운 기업의 창조에 헌신하고 새로운 모험을 시작하게 되며, 이전 일을 기꺼이 그만두려고 한다.

선호하는 일의 유형

창업가 역량을 지닌 사람들은 남들이 하지 않는 새로운 일(창의적인 일)을 하기를 원하지만, 쉽게 싫증 내는 경향이 있다. 그들은 개인 사업을 하면서 새로운 상품과 서비스를 계속해서 개발하거나, 추진 중이던 일에 관심을 잃고 자신이 세운 회사를 팔고 새로운 일을 시작하기도 한다. 그들은 가만히 있지 못하고 지속적으로 창의적인 도전을 한다. 개인 사업을 계획하는 동안 회사에 고용되어 있다면, 그들은 부업으로 사업을 지속하기 위해 충분한 자율성을 요구하거나 자신의 미래를 위해 훈련하기도 하는데, 근무한 회사에서 제품에 관해 충분히 배우고 난 후에 그 제품의 새로운 버전을 만들기 위해 개인 사업을 시작하는 기술자가 그 예다.

선호하는 급여 및 복지 유형

창업가 역량을 가진 사람들에게 소유권은 궁극적으로 가장 중요한 문제다. 그들은 급여를 잘 받지 못할지라도, 조직의 주식 및 자본 통제권을 보유하려는 경향이 있다. 그들이 새로운 상품을 개발한다면 특허권을 소유하기를 원할 것이다. 창업가 역량을 보유하고자 시도하는 거대한 조직은 이러한 그들의 강렬한 니즈를 잘 이해하지 못하기도 한다. 창업가 유형의 사람은 회사가 자신의 기업에 투자하겠다고 제안한다 할지라도 특허권과 51%의 주식과 함께 새로운 기업의 통제권이 주어지지 않는다면 해당 조직에 있지 않을 것이다. 이 유형의 사람들은 수익 자체보다는 세상에 그들이 이룬 업적을 보여 주기 위한 방식으로 부를 축적하고자 한다. 그들에게 회사가 제공하려는 혜택(benefit package)은 그다지 중요한 사안이 아니다.

선호하는 성장의 기회

창업가 역량을 지닌 사람들은 일하는 동안 필요에 따라, 원하는 시기에, 원하는 곳에 있는 것이 허용되는 시스템을 원한다. 그들 대부분은 조직의 이해관계자가 되기를 원하지만, 때로는 이해관계자로서 경영의 의무는 그들의 재능이나 바람에 맞지 않기도 한다. 특히 벤처기업이 성공적이라면 총괄 관리자를 필요로 하는데, 창업가 유형은 이러한 필요를 충족시키지 못하거나 충족시키고 싶지 않을 수도 있다. 그러면 그들은 필요를 채우기에 중요하다고 생각하는 자리, 즉 연구 개발장 혹은 이사장과 같이 주로 자신의 창조력 발휘를 허용하는 역할로 이동하기를 원할 것이다. 어떤 경우에는 창의성 발휘에 대한 니즈를 채우기 위해 자신의 사업을 매각하고 새로운 일을 시작하기도 한다.

선호하는 인정의 유형

자산을 늘리고 큰 기업을 만드는 것은 이 유형의 사람들이 인정받고자 하는 가장 중요한 방법이다. 무엇보다도 창업가 유형은 다소 자기중심적이고, 높은 가시성과 대중(고객)의 인정을 추구한다. 종종 그들은 상품이나 회사에 자신의 이름을 붙임으로써 이러한 자질을 보여 주기도 한다.

봉사/헌신(SV)

봉사/헌신의 앵커를 가진 사람들은 직장이나 커리어에서 구현하고 싶은 중심이 되는 가치 때문에 직업의 영역에 진입한다. 그들은 자신이 가진 실재적인 재능 또는 속해 있는 분야의 역량보다 이러한 가치를 더욱 지향한다. 그들의 직업 선택은 세계를 어떠한 방식으로 개선하겠다는 열망에 기초한다. 이 유형의 사람들은 의료, 간호, 사회복지, 교사 그리고 비영리 단체나 비정부기구와 같이 인류에 도움을 주는 전문적인 직종에 매력을 느낀다. 그러나 어떤 동기나 가치에 헌신하는 것은 경영자나 조직 내에 있는 사람들의 특징이기도 하다. 차별 철폐 조치(affirmative action)

프로그램에서 일하는 HRD 전문가, 노동자와 경영진과의 관계 개선을 위해 일하는 노동 변호사, 새로운 약품 개발을 연구하는 연구원, 환경보호를 위해 일하는 과학자나 전반적인 사회의 양상을 개선하기 위해 공공 서비스 기관에 들어가기를 선택한 경영자들이 그 예다. 사람들과 함께 일하고, 인류에 기여하고, 환경을 보호하며, 빈곤국을 도와주고자 하는 가치는 커리어에 있어서 강력한 앵커가 될 수 있다.

그러나 봉사 전문직(helping professions)은 지금까지 논의해 온 다른 유형의 앵커에 속한 집단들도 선호할 수 있다는 점을 주목해야 한다. 어떤 사람은 기술적으로 전문적인 사회복지사나 변호사가 될 수 있고, 자율성이나 안정성을 이유로 의료계나 교육계의 직업을 추구할 수도 있다. 그리고 각 직업은 창업적 역량을 발휘하거나 일반 경영을 위한 기회도 창출할 수 있다. 다시 말해서, 봉사/헌신 유형의 직업에서 일하는 모든 사람이 봉사와 헌신의 앵커를 가지고 있다고 추정해서는 안 된다.

선호하는 일의 유형

봉사/헌신 유형의 사람은 자신의 가치관에 따라 그들이 속한 단체에 영향을 미치는 것이 허용되는 일을 원한다. 큰 탄광 회사에서 환경계획 관리자로 일하기 위해 종신 교수직을 떠난 농학 박사가 좋은 예다. 그는 주요 환경계획사업이 허용되고 자신이 그 일의 권한을 지니는 한, 이 회사에서 계속 일할 것이라고 말했다.

선호하는 급여 및 복지 유형

봉사/헌신 유형의 사람들은 본래적으로 조직에 충성하려는 마음보다는 자신이 추구하는 가치를 중시하기 때문에 자신이 기여한 것에 대한 공정한 급여와 이동이 가능한 혜택을 원한다. 그들에게 있어서 급여 그 자체가 중요한 사항은 아니다. 그러나 전문가적 역량의 앵커를 가진 사람들처럼 그들의 분야에서 다른 사람들이 받는 것에 비교하여 공정하게 지불되는 외부적인 형평성에는 관심을 가진다.

선호하는 성장의 기회

이 집단에서 금전적 보상보다 더 중요한 것은 이들의 기여가 인정되어 자치적으로 작동하는 더 큰 영향력과 자유가 주어지는 위치로 이동되는 승진 체제다. 이들은 자신의 가치와 무관하게 높은 지위로 이동하는 순환 체제를 원하지 않지만, 봉사와 헌신의 영역 내에서 더 높은 지위와 영향력을 발휘하는 전문적인 단계를 원한다.

선호하는 인정의 유형

봉사/헌신 유형의 사람들은 동료와 상사 모두의 인정과 지지를 원한다. 그들의 가치가 더 높은 수준의 경영에 의해 공유된다고 느끼기를 원한다. 전문가적 역량의 앵커를 가진 유형의 사람들과 같이, 그들도 더 많은 교육 기회, 전문가 모임에 참석 가능한 환경, 상 그리고 업적에 대한 공적인 찬사를 기대한다.

순수한 도전(CH)

　순수한 도전을 앵커로 가진 사람들은 어떤 것, 어떤 사람도 정복할 수 있다는 것을 계속해서 증명해 보이기 위해 자신의 커리어를 추구한다. 그들은 불가능한 장애물을 극복하고, 해결할 수 없는 문제를 해결하거나 극도로 이기기 힘든 사람을 이기는 것을 성공이라고 정의한다. 일을 하면 할수록 그들은 더 힘든 도전을 추구한다. 그들은 기꺼이 더욱더 어려운 문제를 찾곤 한다. 그러나 이들은 특정 영역에서 문제가 생기는지 관심이 없어 보이므로 전문가적 역량을 가진 유형은 아니다. 높은 수준의 전략경영 컨설턴트들은 산업체나 회사에 상관없이 더욱더 어려운 유형의 전략적 임무를 즐긴다는 점에서 순수한 도전 유형에 잘 맞는다.

　다른 사람들에게 도전은 대인관계 측면이나 경쟁적인 용어로 정의된다. 예를 들어, 비행기 조종사는 삶의 유일한 목적이 적과의 최종적인 대립을 준비하는 것이라고 생각한다(Derr, 1986). 이 대립에서 그 군인들은 격렬한 전투를 벌임으로써 자신의 우월성을 자신과 세상에 증명하게 될 것이다. 앵커를 군대에 비유하는 것이 조금은 극단적으로 보일 수도 있지만, 다른 직종에 속한 많은 사람 역시 삶을 경쟁적인 용어로 정의한다. 많은 영업 사원, 운동선수 그리고 총괄 관리자와 기업의 사장들조차 자신의 직업을 승리가 전부인 전쟁이나 경쟁으로 정의한다.

　대부분의 사람은 어느 정도 도전을 추구한다. 그러나 순수한 도전 유형의 사람들에게 있어서 도전은 가장 중요한 것이다. 업무 영역, 조직의 유형, 급여 체계 및 승진 체계의 유형 그리고 인정의 유형 등은 모두 그 직업이 자기시험(self-test)에 대한 지속적인 기회를 제공하느냐 그렇지 않느냐의 여부에 달려 있다. 지속적인 자기시험의 기회가 없다면, 이들은 지루해지고 짜증이 난다. 그런 사람들은 자신의 커리어에서 총괄 관리직에 끌리는 한 가지 이유가 관리 상황이 제공하는 치열한 도전과 다양성이라고 말한다.

순수한 도전을 하는 사람들은 매우 외골수적이어서 비슷한 열망이 없는 사람들을 곤란하게 만들 수 있다. 1979년 할리우드 영화, 〈위대한 산티니(The Great Santini)〉는 더 이상 싸워야 하는 전쟁이 없기 때문에 가족과 상사를 위한 싸움으로 인해 생겨난 문제들을 묘사한다. 이러한 사람들에게 있어서 직업은 경쟁이 있어야만 의미가 있다. 만일 경쟁할 기회가 없다면, 이들은 사기가 저하되어 자신과 다른 사람들에게 문제가 될 것이다.

희망하는 업무 유형, 급여와 혜택, 커리어의 성장 그리고 인정의 유형은 그들이 하고 있는 일의 실제적인 기능에 따라 매우 다양해질 것이다. 다른 앵커를 가진 사람들에게도 마찬가지겠지만, 순수한 도전을 앵커로 가진 집단을 위한 그 어떤 쉬운 일반화도 없다는 것을 이해하기 위해서는, 직업 운동선수, 증권 판매원 그리고 풀리지 않은 문제를 해결하기 위해 일하는 과학자, 공학자와 같은 '도전하는 용사들' 사이에서 이러한 변인을 비교해 보기만 하면 된다.

라이프 스타일(LS)

얼핏 보기에 이 개념은 표현의 모순처럼 보인다. 자신의 존재를 라이프 스타일에서 찾는 사람들은, 어떤 의미에서 그들의 직업이 그들에게는 덜 중요하다는 것을 말하고 있고, 그래서 커리어 앵커가 없다는 점을 말하기도 한다. 그러나 이 사람들도 커리어 앵커의 논의 주제에 포함된다. 왜냐하면, 의미 있는 커리어에 높은 동기가 부여되는 동시에, 자신의 커리어가 라이프 스타일과 통합되어야만 하는 다음과 같은 상황에 처해 있는 사람들의 숫자가 늘고 있기 때문이다.

- 독립을 둘러싼 사회적 가치의 변화
- 맞벌이 가족 형태를 지녀 온 전문 직장 여성의 증가
- 고용 보장을 줄이고, 간편한 혜택을 늘리는 것을 지향하는 고용주의 태도 변화
- 맞벌이를 하지 않으면 경제적으로 생존할 수 없는 가족

이와 같은 상황은 점점 더 많은 사람에게 일어나고 있다. 만약 사람들이 그들 자신의 커리어를 관리하고 배우자가 직업을 가져야 한다는 말을 듣는다면, 점점 더 많은 사람이 그들의 일뿐만 아니라 그들의 라이프 스타일을 전체적으로 설계하는 것에 대해 생각하는 것이 불가피해질 것이다(Bailyn, 1978, 1993).

개인적인 삶과 전문적인 삶 사이에서 균형을 잡는 일은 언제나

쟁점이 되어 왔다. 그러나 한쪽 배우자만 직업이 있는 가정에서 공통적인 해결안은 직업을 가지고 있는 한쪽 배우자가 직업 활동에 집중하고 다른 한쪽은 집안일을 맡는 방법이다. 만일 부부가 모두 종일제 직업을 가진 가정이라면, 경제적 · 지리적 결정, 자녀를 가질 것인지 말 것인지, 혹은 언제 아이를 가질 것인지, 어디서 살 것인지와 같은 일의 결정이 요구되면서 균형을 잡는 과정이 훨씬 더 복잡해질 것이다.

선호하는 일의 유형, 급여, 복지

일과 라이프 스타일 문제의 통합 논쟁은 그 자체가 진전되는 과정이다. 그러므로 이러한 상황에 있는 사람들은 무엇보다도 융통성을 원한다. 융통성을 원하는 자율성 유형의 사람들과는 다르게, 라이프 스타일 유형의 사람들은 조직을 위해 기꺼이 일하기를 원하고, 다양한 일을 하며, 올바른 선택이 적절한 시기에 가능하다는 것을 알려 주는 조직의 규칙과 규제를 받아들인다. 이러한 선택은 여행을 줄이거나 가정 환경이 허락될 때 이사하기, 필요하다면 시간제로 일하기, 안식년, 출산 및 양육 휴가, 보육(특히 맞벌이 부부와 한부모 수의 증가와 관련해서), 탄력 근무제, 재택근무 등을 포함한다.

라이프 스타일 유형의 사람들은 특정한 프로그램보다는 개인과 가족에 대한 관심을 존중하는 태도 그리고 업무 계약과 관련해 열려 있는 조직의 태도를 더 중요하게 본다. 이 유형의 사람들은 라이프 스타일 문제의 실제를 알고 있는 공식적인 인사제도와 조직의 이해와 융통성을 요구한다. 어떤 시기에서도 일반적인 정책과 커리어 체계가 더욱 융통성 있고 선택 기회를 주어야 한다는 점 외에 어떤 조직의 특정한 반응이 가장 도움이 되는지 명확하게 밝혀지지는 않는다.

한 가지 분명한 것은 라이프 스타일을 앵커로 가진 사람들은 종종 승진에 따른 지리적 이동을 꺼리는 경향이 있다는 점이다. 과거의 연구에서는 이러한 특징을 보장성/안정성 앵커의 한 측면으로 판단했다. 그러나 이동을 꺼리는 사람은 개인과 가족 그리고 직업 문제를 통합하기 원하는 이유만큼이나 보장성과 안정성을 추구하는 이유 때문은 아니라는 점이 갈수록 더 명확해졌다.

두 개의 직업을 바꾸거나 중요한 시기에 원하는 학교로부터 아이들이 나와야 하는 일은 승진이나 바라는 커리어의 결과가 이루어진다고 하더라도 많은 사람이 더욱더 꺼리는 일이다.

만약 이러한 추세가 계속된다면 외부 커리어의 방향에 주요한 영향을 미칠 수 있다. 많은 회사가 이동하는 것을 긍정적인 커리어의 발달 단계로 취급하면서 사람들에게 이동하기를 요청한다면, 당연히 이동할 것이라고 여겨 왔다. 만일 그들이 라이프 스타일 유형의 사람들과 점점 더 많이 만나게 된다면, 그들이 승진을 희생해야 할지, 아니면 회사가 제한된 지리적 영역 내에서 더욱 실현 가능한 발전을 하기 위해 커리어의 방향을 재정의하게 될지는 명확하지 않다.

예를 들어, 다국적 대기업의 회장이, 그의 후임자가 아내의 직업과 자녀의 학교생활을 유지하고 싶어 특정한 지역을 벗어나고 싶어 하지 않는다는 것을 알게 되었다고 가정하자. 회장은 이 사람의 커리어의 성장을 위해 국제적인 경험이 필요하다고 보고, 만일 그가 국제적 업무를 맡지 않는다면 최고 경영자가 되기 위한 승진의 대상에서 제외된다고 분명하게 말하게 될 것이다. 이 사람은 자신의 앵커가 총괄 관리자 역량인지, 아니면 라이프 스타일인지 결정해야만 한다.

당신이 라이프 스타일의 앵커에 가장 잘 맞는다면, 다른 어떤 커리어의 쟁점이 중요하며, 이 커리어와 관련된 자신의 삶의 양식을 어떻게 꾸려 갈 것인지를 결정해야 한다.

자가진단 결과 검토

이제 당신은 각각의 앵커 범주가 무엇을 의미하는지 알 것이다. 커리어 앵커 자가진단지로 돌아가서 어떠한 앵커 범주의 점수가 가장 높고 낮은지 확인하라. 어떤 종류의 일에 신경을 쓰는지, 혹은 신경을 쓰지 않는지를 알아보기 위해 가장 낮은 점수를 먼저 보는 것이 유용한 방법이다. 이 항목들이 당신에게 중요하지 않다는 것에 동의하는가? 만약 아니라면 낮은 점수를 받았던 항목들로 돌아가서 재검토하고, 당신이 왜 그렇게 등급을 매겼는지 스스로에게 물어보라.

다음으로 가장 높은 점수가 매겨진 영역을 살펴보자. 당신이 선택해야만 하는 상황에서 포기하지 않을 한 가지를 알아볼 수 있는가? 이 시점에서 많은 사람은 두세 개의 높은 앵커 범주가 있다는 것을 발견하게 된다. 이 자가진단지가 범주 간에 선택하도록 강요하지 않기 때문에 그것은 정상적인 현상이다. 다시 말해서, 더욱 분명하게 하기 위한 첫 번째 단계는 항목들을 되돌아보고, 똑같은 방식으로 등급을 줄 것인가 확인하는 것이다. 많은 사람은 여전히 두세 개의 중요해 보이는 범주가 있다는 것을 알게 된다. 이제 스스로 또는 가능하면 당신을 인터뷰할 파트너의 도움을 받아 당신의 이력을 분석하기 위해 다음 단계로 나아갈 준비가 되었다.

커리어 분석을 통해 커리어 앵커 알아보기

당신의 교육 경험과 직업 결정이 커리어 앵커를 결정하기 위해 가장 믿을 만한 것들이다. '커리어 앵커 자가진단'은 당신이 관심을 갖는 몇 가지 이미지를 보여 주지만, 과거의 결정과 그 결정을 하게 된 이유는 더 깊은 자기 통찰의 기초가 된다. 당신은 질문에 대한 답을 기록하면서 자신의 이력을 스스로 작성할 수 있지만, 파트너가 당신을 인터뷰하고, 당신이 선택한 유형을 판독하도록 돕는다면 더욱 효과적이다.

지금까지 당신의 커리어와 관련된 사건뿐만 아니라 미래의 열망까지도 편하게 나눌 수 있는 파트너를 선택하라. 이러한 이유에서 상사나 부하 직원 또는 당신과 경쟁 관계에 있는 동료는 피하는 것이 좋다. 당신의 파트너가 당신과 동갑이거나 같은 직종의 일을 하는 사람일 필요는 없다. 많은 사람이 배우자나 가까운 친구가 좋은 파트너가 된다고 이야기한다. 파트너는 면접관으로서 특정한 훈련이 필요하지 않다. 물어볼 모든 질문은 이 책에서 제공한다. 오직 필요한 것은 당신과 함께 당신의 커리어를 토의하고자 하는 의지와 관심이다.

인터뷰는 한 시간가량 걸린다. 파트너에게 이 책을 주고, 당신에게 돌려주기 전에 인터뷰란에 필기하도록 한다. 각각의 답에 왜 당신이 이러한 결정을 했는지 나타내도록 노력하라. '왜'라는 질문에 답한 내용 속에서 앵커 그 자체가 점차 모습을 드러낼 것이다. 당신이 여러 차례 이동해 왔더라도, 왜 당신이 이동했는가 하는 양상이 있을 것이다. 인터뷰는 그 양상을 드러내 줄 것이다.

커리어 계획 인터뷰 질문

교 육

■ 교육에 대한 이야기를 시작합니다. 어디서 학교를 다녔습니까? 그 학교를 선택한 이유는 무엇입니까?

■ 어떤 과목을 좋아했습니까? 혹은 싫어했습니까?

■ 전공은 무엇입니까? 왜 그 전공을 선택했습니까?

■ 대학원을 다녔습니까? 어디에서 다녔으며, 그 이유는 무엇입니까?

■ 당신이 집중했던 분야는 무엇이었고, 그 이유는 무엇입니까?

첫 직업

■ 학교 졸업 후 당신의 첫 번째 직장은 어디였습니까? 그 직업에서 무엇을 찾았습니까? 왜 당신은 그러한 선택을 했습니까?

■ 당신의 커리어를 시작하면서 어떤 장기적인 야망과 목표를 세웠습니까?

■ 당신의 목표에 따르면, 첫 번째 직업은 어떻게 수행되었습니까?

■ 당신의 첫 번째 직업에서 배운 가장 중요한 것은 무엇입니까?

다음 직업

- 당신은 첫 번째 직업 혹은 커리어를 언제 그리고 왜 바꿨습니까? 무엇이 이런 결정을 하게 했습니까?

- 당신의 목표에 따른 이 직업은 어떻게 진행되었습니까?

■ 당신이 이 직업에서 배운 가장 중요한 것은 무엇입니까?

■ 다음 직업 변경이나 생활사건은 무엇입니까? 왜 그 일이 일어났습니까?

(면접관: 각각의 직업 변동, 조직 또는 생활환경에 관해 이와 동일한 질문을 하십시오.
필요하다면 종이를 추가로 사용하십시오.)

성찰

- 지금까지의 당신의 커리어를 돌아보면서 어떤 주요한 전환점이 보입니까? 그것은 무엇이고, 왜 일어났습니까?

- 지금까지 경험한 활동 중에서 당신이 특별하게 즐겼던 것은 무엇입니까? 그 이유는 무엇입니까?

- 당신이 즐기지 못한 것과 미래에 피하고 싶은 것은 무엇입니까? 그 이유는 무엇입니까?

■ 당신의 야망이나 커리어의 목표가 어떤 방식으로 바뀌어 왔습니까? 이제 당신의 장기적인 목표는 무엇입니까?

■ 당신이 갖고 싶은 이상적인 커리어의 목표나 궁극적인 직업은 무엇입니까?

■ 다른 사람에게 당신을 설명할 때, 어떤 일을 하는 사람이라고 소개합니까?

■ 자신이 생각하기에 스스로 가장 잘할 수 있는 것은 무엇입니까?

■ 당신의 직업과 조직을 선택해야 하는 상황에서 고려하는 몇 가지 중요한 가치는 무엇입니까?

■ 지금까지 당신이 커리어를 추구하는 데 어떤 패턴이 있다고 봅니까?

자가진단 점수와 이력 검토하기

이제 당신은 자가진단 점수와 자신의 과거를 분석하면서 배운 것을 비교해야 한다. 만약에 모순이 있다면 어떤 것이 더 타당한지 발견하려고 노력하라. 자가진단에서 당신이 말한 다양한 커리어 결정을 하게 된 이유에 모순이 있을 때 당신이 파트너와 함께하고 있다면, 무엇이 진행되고 있는지를 명백히 하는 데 도움을 받을 수 있다.

공통 질문

분석을 하면서 다음에 제시하는 몇 가지 질문이 마음에 떠오를 것이다. 제시하는 질문은 가장 공통적인 질문이다.

또 다른 커리어 앵커가 있는가

지금까지 8가지 앵커에 대해서 설명하였다. 다양한 직업에서 이러한 앵커들이 발견되었고, 의사, 변호사, 교사, 세관 공무원, 상담자, 경찰관 그리고 생산직 근로자에게도 똑같이 적용된다는 점을 알았다. 심지어 가사와 같이 '급여가 없는' 일도 다른 종류의 앵커로 보일 수 있는데, 주부들도 앵커의 범주를 반영하는 몇 가지 이유 때문에 가정을 돌보는 일을 즐긴다는 것을 발견한다.

사람들, 특히 권력, 다양성, 순수, 창의성 또는 조직의 정체성에 중심을 둔 사람들은 다른 커리어가 있는지 자주 묻는다. 연구 지침에 따르면 만약 어떤 사례가 커리어 앵커의 8가지 범주에 속하지 않는다면, 앵커의 범주가 새롭게 추가로 만들어질 수 있다. 지금까지 제안된 각 영역은 또 다른 앵커의 한 측면으로 증명되었거나 다른 앵커 집단 내에서 설명되어 왔다.

예를 들어, 권력과 창의성은 다양한 유형의 집단에서 다양한 방법으로 설명되는 보편적인 필요성으로 보인다. 전문가적 역량을 앵커로 가진 사람은 우수한 지식과 기량을 통해 권력을 표현하고, 창업가 역량을 가진 사람들은 조직을 만들며, 총괄 관리자 역량을 가진 사람들은 지위, 영향력 그리고 자원을 제공하는 직위를 획득하고, 봉사/헌신의 앵커를 가진 사람들은 도덕적인 설득을 통해서 표현한다. 이와 유사하게 창의성은 각각 앵커의 범주에서 다양한 방법으로 나타날 수 있다. 다양성은 많은 사람이 원하고 즐기는 또 다른 무엇이지만, 자율성, 경영적 도전, 기업 활동 또는 라이프 스타일을 통해서 얻을 수 있기 때문에 그 자체가 앵커는 아니다. 전문가적, 보장성/안정성 그리고 봉사/헌신 유형의 사람들만이 자신의 커리어 발전을 위해 다양한 측면을 교환한다.

당신은 이러한 자기분석을 통해 자신의 '진정한' 앵커를 찾으려고 하지만, 당신의 능숙함, 동기 그리고 가치의 양상이 독특하다는 가능성 또한 인정해야 한다. 중요한 것은 미래에 좀 더 나은 직업을 선택하기 위해 자신에 대한 통찰력을 가지는 것이다. 이 8가지 커리어 범주는 당신에게 도움이 되겠지만, 자신을 그중 하나에 끼워 맞추려고 애쓸 필요는 없다. 당신이 자신에 관해서 찾아야만 하는 것은, 선택해야 하는 상황에 직면했을 때 무엇을 포기할 수 없는가 하는 것이다. 포기할 수 없는 단 하나, 그것이 당신의 진정한 커리어 앵커일 것이다.

하나 이상의 앵커를 가질 수 있는가

커리어 앵커는 어떤 사람이 선택하도록 강요당할 때 '포기하지 않는 한 가지'라고 정의한다. 이러한 정의는 오직 하나의 앵커—한 개인의 우선순위 맨 위에 놓인 하나의 정해진 재능, 가치 그리고 동기—만을 허락한다. 그러나 많은 커리어 상황은 선택이 불가능하고, 그래서 무엇이 자신에게 가장 우선순위에 있는지를 알지 못하여 다양한 재능, 동기 그리고 가치를 실현할 수도 있다.

예를 들어, 온정주의적인 회사의 기능적인 경영인은 안정, 자율성, 전문가적, 창업가 역량, 심지어 라이프 스타일의 앵커까지 동시에 실현할 수 있다. 앵커를 결정하기 위해서 우리는 하나를 선택해야만 하는 상황에서의 결정이라는 가설적인 커리어의 상황을 만들어 내야 한다. 예를 들어, 그 사람은 자신의 기능으로 지점 총괄 관리자가 되는 것을 선택할 것인가, 아니면 최고 경영인이 되는 것을 선택할 것인가? 만일 이러한 선택의 상황에 자신을 두게 된다면 대부분의 사람은 자신의 진정한 앵커를 알게 될 수 있다.

만일 어떠한 앵커도 분명하게 나타나지 않는다면, 우선순위를 선정하고 그것을 결정하는 삶의 경험이 충분하지 않을 가능성도 있다. 만약 당신이 이러한 상황에 있다면, 어떠한 앵커가 가장 높은 점수를 얻어 개발해야만 하는지 결정하고, 체계적인 커리어의 선택을 통해서 다른 상황에 대한 당신의 반응을 탐구해야 한다. 예를 들어, 만약 당신이 경영 일반에 재능이나 감각이 있는지 잘 모르고, 그 영역에서 기회가 없었다면, 당신은 프로젝트를 운영하기 위해 자원하거나 위원장이 될 수도 있고, 부서 관리자가 되기를 요청하거나 다른 방법으로 경험을 하고자 시도할 수도 있다. 아니면 비슷한 직업 상황에 있는 사람을 찾아서 이에 대한 정보를 그들에게 상세하게 물어볼 수도 있다.

앵커는 변화하는가

앵커가 변화하는지 그렇지 않은지에 관한 확실한 증거는 없다. 어떻게 커리어 앵커가 발전해 나가는지에 대해서 오랜 기간 동안 소수의 사람을 대상으로 연구해 온 충분한 증거 자료는 없다. 그러나 이 연구의 본래 참가자들이 40대 중반에서 50대가 되었기 때문에 증거는 안정 쪽으로 기운다고 할 수 있다. 이 점은 예상할 수 있는 부분이었다. 왜냐하면, 사람들은 자신이 잘하는 것, 원하는 것 그리고 가치를 두는 일을 더욱 알아 가면서 자아상이 분명해지고, 그러한 자아상을 붙잡기 원하는 경향이 있기 때문이다. 그러한 통찰력을 더 많이 불러일으키면 자기 자신을 더 잘 알게 된다.

예를 들어, 전문가적 역량을 앵커로 가진 어떤 대기업의 기술 관리자는 외부 커리어의 본래 경로에 따라 총괄 관리자로 이동하고 있는 자신을 발견했다. 그는 다음번에 승진할 경우 다기능적인 일을 하게 될 것임을 감지했으므로 상사에게 본사의 다른 부서로 이동하기 원한다는 희망을 전달했고, 수평 이동을 성공적으로 이끌어 낼 수 있었다. 그가 선호하는 기술 영역에 남아 있기 위해서 높은 단계의 총괄 관리자의 자리를 기꺼이 포기한 것이다.

또 다른 전문가적 역량을 가진 관리자는 자신의 일이 지루하고 가망성이 없기 때문에 사임했다. 그 후 그는 같은 전문가적 역량의 영역 안에서 컨설턴트라는 직업을 선택했다. 그의 커리어는 바뀌었지만 그의 앵커는 변하지 않았다.

자율성 유형의 어떤 사람은 결혼해서 자녀를 가지기 전까지 조직의 삶을 떠나서 변두리적인 삶을 살았다. 수류 사회로 돌아오는 것 대신에 그와 그의 아내는 자율성을 유지할 수 있는 골동품 가게를 열었다.

그들의 외부 커리어에서 중년의 삶의 극적인 변화를 택하는 몇몇 사람들은 지금까지 그들의 앵커를 실현하기 위해 시도하고 있는 중이다. 그들은 단순히 그들이 정말 하고 싶었던 것을 할 수 있는 기회가 없었을 뿐이다. 한 예로, 항상 법학 대학원을 가고 싶었던 전문가적 역량을 가진 컴퓨터 컨설턴트는 상속을 받게 되어 자금이 충분해지자 마침내 법학 대학원에 입학했다. 그는 대학원을 졸업하고 지방 도시의 법집행자로 가게 되었고, 그가 지닌 컴퓨터와 컨설팅 기술을 사용하여 성공적으로 업무를 개발하였다. 그는 전문가적 역량의 앵커에 여전히 머물러 있었다.

커리어가 구성되는 방식 때문에 개인의 일과 커리어 앵커는 종종 잘 맞지 않는다. 전문가적 앵커 유형의 사람은 총괄 관리자로 승진하거나 높은 직위가 주어질 수도 있다. 안정 유형의 사람이 벤처사업을 함께하거나 자율성 유형의 사람이 돈을 벌기 위해 지루하지만 안정적인 일을 하는 억압적인 상사 밑에서 일할 수도 있다. 사람들은 그런 환경에서 어떻게든 일을 수행할 수 있다. 그러나 그들은 행복하지 않으며, 진정으로 자신이 원하는 일을 한다고 느끼지 않는다. 그들은 상황에 순응하여 최선을 다할 수는 있지만, 그들의 앵커는 쉽게 변하지 않는 경향이 있다. 기회가 오게 된다면, 그들은 자신에게 더 잘 맞는 일을 찾을 것이다.

　이제 당신은 자신의 커리어 앵커가 무엇인지에 대한 명확한 인식을 가지고 있어야 한다. 만일 당신의 커리어에서 변화를 경험한 적이 있다면, 당신의 앵커가 변화되었는지, 아니면 색다른 커리어와 삶의 변화가 당신의 관심을 변화시킨 것인지 자신에게 물어보라.

　다음 절은 당신의 앵커와 현재의 커리어가 잘 어울리는지, 그렇지 않다면 미래의 직업 가능성에 관해서 어떻게 생각해야 하는지를 결정하도록 구성되어 있다.

일/역할 분석

지금까지 당신 자신의 커리어와 당신이 가장 중요하다고 생각하는 자신의 능력, 커리어 선택에 대한 동기 그리고 가치에 관한 자신의 통찰력을 중점적으로 살펴보았다. 커리어 앵커의 개념은 이러한 통찰력을 가지고 있다. 그러나 커리어에 대해 스스로 책임지기를 점점 더 많이 기대하는 세상에서 당신은 앞으로 무엇을 해야 할까? 현명한 계획을 세우기 위해, 당신은 현재와 미래의 직업 상황, 지금 있는 곳에 머무를 것인지, 다른 장소에 있는 다른 조직으로 이동하려고 노력할 것인지, 당신이 나아가려고 하는 환경에서 고려해야 할 사항은 어떤 것인지를 분석하기 위한 과정이 필요하다.

가장 단순한 형태의 일/역할 분석은 당신의 직업과 앵커가 얼마나 서로에게 잘 맞는지 평가할 수 있도록 자신의 역할 지도(role map)를 만들기 위해 현재 주어진 일과 관련된 핵심 이해관계자*

* * *

*   stockholders(이해관계자): 역할 네트워크 안에 있는 사람들을 말하며, 당신의 커리

를 확인하는 과정이다. 만약 일과 앵커 간의 적합성이 낮아서 커리어의 이동이 필요하다고 결정한다면, 이 책의 다음 단계에서 제시될 미래 일/역할 계획(job/role planning) 과정은 자신의 잠재적 미래 직업의 역할 지도를 만들 수 있도록 도울 것이다. 이때 당신이 꿈꾸는 미래 직업에서 이해관계자의 기대가 어떻게 변할 것인가에 대한 분석과 아울러 미래 직업에서 요구되는 역량에 대한 자가진단이 함께 선행되어야 한다.

현재 직업 분석

현재 직업에 대한 분석은 당신의 현재 직업의 역할 부여자**와 이해관계자의 신원을 알아내는 것이며, 이것은 직접 해 볼 수 있다. 당신은 자신에 대해 어떤 기대를 가지고 있는 모든 사람의 역할 네트워크를 그릴 것이다. 여기서 핵심 이해관계자란, 만일 당신이 그들의 기대를 충족시키지 않는다면 그들의 일이 심각하게 영향을 받을 수 있는 역할 네트워크의 구성원들이다.

어와 관련이 있고 당신의 능력/커리어에 관해서 어떠한 기대를 가지고 있는 사람들
** 역할 부여자(role senders): 당신에게 역할을 일임하는 사람들, 즉 당신에게 어떤 역할의 수행을 기대함으로써 그 역할을 당신에게 일임하는 사람들

1단계: 역할 지도 만들기

직업이란 당신에게 기대를 가지고 있는 다른 많은 사람과 당신을 연결하는 활동 묶음이다. 이 일/역할 분석의 첫 단계는 앞에서 언급한, '다른 사람들'이 누구인지 알아내는 것과 당신에게 연결되어 있는 사람들의 네트워크의 시각적인 개관을 만드는 것이다. 이 그림이 당신의 '역할 지도(role map)'다.

1. 다음에 제시되는 빈 공간에 먼저 당신 자신을 중심에 놓는다.

2. 만일 당신이 조직에 속해 있다면, 당신의 상사를 종이의 윗부분 가까이에 놓고 중심에 있는 당신을 향해 화살표를 그린다.

3. 당신의 부하 직원들을 당신 아래에 놓고, 그들로부터 중앙에 있는 당신을 향하여 화살표를 그린다.

4. 당신의 역할에서 당신에게 무엇인가를 기대하고 있다고 생각되는 모든 사람을 그림의 위, 아래, 오른쪽, 왼쪽에 적어 가면서 이 과정을 계속한다. 예를 들어, 조직의 동료, 고객, 사회 구성원, 가족 구성원, 친구, 그 밖에 다른 사람들이 있다. 자신이 반응해야 하는 모든 역할 기대의 분석을 위해 당신의 '역할 세트' 안에 있는 모든 사람을 제 위치에 놓는 것이 목표다. 다양한 화살표들의 두께는 관계의 힘을 상징한다.

5. 당신으로부터 다시 자신에게 화살표를 그린다. 왜냐하면, 당신 역시 일의 수행 계획과 일/역할과 관련하여 자신에게 기대하는 것이 있기 때문이다.

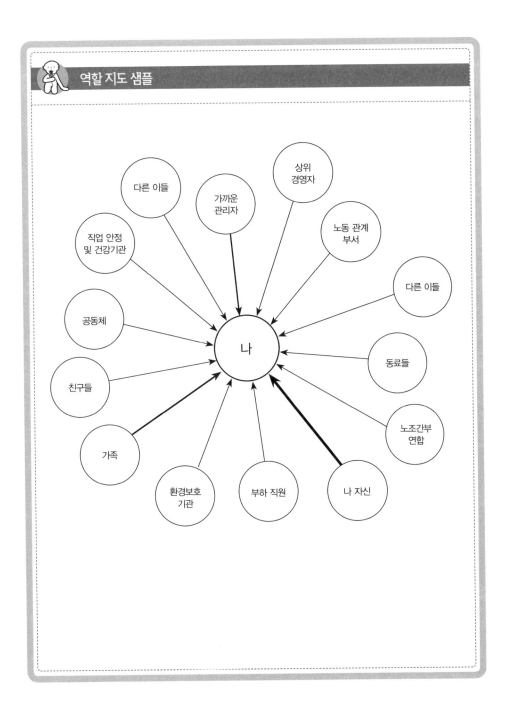

나의 역할 지도

2단계: 주요한 역할 부여자의 기대 나열하기

당신의 역할 세트 안에 있는 모든 사람을 확인했다면, 역할 부여자, 특히 당신의 상사와 동료 그리고 부하 직원과 같은 주요 역할 이해관계자들이 자신에게 거는 주요한 기대가 무엇인지를 주어진 공간에 적는다. 당신의 일/역할 수행에 있어서 결정적인 것인 가장 본질적인 역할 기대를 알아내려고 노력해야 한다.

3단계: 역할 이슈와 활동 단계 확인하기

이해관계자의 기대에는 역할 모호, 역할 과중 그리고 역할 갈등이라는 세 가지 중요한 이슈를 포함하고 있다. 다음에서 이것을 설명하고자 한다. 각각의 설명 다음에는 그 상황에 대한 당신의 평가와 그것에 대해 어떻게 할 것인가를 기록하기 위한 공간이 있다.

▶ 역할 모호(role ambiguity)

당신은 몇몇 역할 부여자가 당신에게 기대하는 것이 무엇인지 확신하지 못할 때가 있을 것이다. 그들의 기대를 명확히 하기 위해서, 당신은 자신이 해야 하는 것을 생각하고, '해야 할 것' 목록에 그러한 활동을 기록하라. 예를 들면, 당신은 자신이 이해한 역할과 역할 부여자가 기대하는 역할이 무엇인지(서로 다른 것 또는 같은 것은 무엇인지에 대해) 논의하기 위해 역할 부여자와 미팅을 하는 것이다.

◉ 역할 과중(role overload)

　모든 사람이 당신에게 기대하는 역할의 총합은 당신이 할 수 있는 것 이상일 것이다. 당신은 어떻게 우선순위를 설정할 것인가? 누구의 기대를 가장 많이 충족시켜 주고, 누구의 기대를 가장 소홀히 하는지 스스로에게 질문하라. 당신은 자신의 우선순위에 대해 이야기하는가? 예를 들면, 당신은 역할 부여자가 기대하는 것이 지체되거나 이행할 수 없다는 것에 대해서 분명히 몇몇 역할 부여자와 이야기할 것이다. 만약 당신이 역할 과중을 잘 처리하기 위한 몇 가지 방법이 있다면, '해야 할 것' 목록에 활동 단계를 기록하라.

◉ 역할 갈등(role conflict)

당신은 역할 세트에 있는 몇몇 사람들의 기대가 다른 사람들의 기대 또는 당신이 자신에게 하는 기대와 직접적으로 갈등을 일으킨다는 것을 발견할 것이다. 스스로 이러한 갈등을 어떻게 해결할 것인지, 갈등이 존재한다는 것을 무시할 것인지, 각 멤버를 위해 각각 조금씩만 해 주는 것으로 타협할 것인지, 역할 부여자에게 정면으로 맞설 것인지에 대해서 스스로에게 질문하라. 역할 갈등을 줄이기 위해서 당신이 할 수 있는 활동 단계를 생각하고, '해야 할 것' 목록에 그것을 기록하라. 예를 들면, 만약 당신의 동료 두 명이 당신에게 기대하는 것이 서로 역할 갈등을 일으킨다면,

그들이 기대하는 것과 그 기대가 당신에게 어떤 영향을 미치는지 검토하기 위해 함께 모여서 생각하라.

┌───┐
│   │
│   │
│   │
│   │
│   │
│   │
│   │
│   │
│   │
│   │
└───┘

◉ 커리어 앵커가 현재 직업과 얼마나 적합한가

당신의 커리어와 관련해서 당신이 기대하는 것과 자신의 직업과 역할 네트워크에 대해서 배운 것을 비교하라. 현재 직업, 커리어 그리고 라이프 스타일에서 당신이 정말로 기대하는 것 사이에서 주요한 불일치가 있는가? 만약 있다면, 당신은 미래에 가능한 업무 유형을 분석하라. 더욱 중요한 것은 미래의 업무 방식의 변화에 의해 생길 새로운 업무에 도전하기 위한 역할 지도를 준비하는 것이다.

가능한 미래 직업 분석하기

일/역할 계획을 위한 준비에서, 다음 몇 장은 직업 세계에서 일어나고 있고, 조직과 직업 세계가 미래에 얼마나 변화할 것인가에 대해서 조심스럽게 예측하는 몇 가지 주요한 변화를 제시할 것이다. 이 내용을 읽고 난 후에 당신은 미래에 가능한 직업을 위한 자신의 일/역할 계획을 세우고, 이를 기반으로 커리어 개발을 위한 분명한 계획을 세울 수 있을 것이다.

1. 전 세계적으로 조직들은 지속적으로 그들의 구조를 재검토하고, 다양한 종류의 '조직 축소' '구조조정' '합작 투자' '기업 인수' 그리고 '합병'에 참여한다. 증가하는 세계 경쟁에서 조직의 경쟁력을 유지하기 위해서 조직은 지속적인 개선과 혁신 그리고 비용 절감에 대해서 고민해야 한다는 것을 깨닫게 된다. 많은 직업이 사라지고, 일자리는 재분배 및 재설계되어서 적은 인원만으로 그것을 수행할 수 있게 되는 것처럼 이것은 해고와 조직 구조조정과 같은 물결을 이끈다. 정보기술의 창의적인 사용, 특히 그룹웨어나 SNS 같은 정보기술은 업무와 직업에 관해서 새로운 방법과 새로운 사고방식의 가능성을 제시해 주었다. 사람 간에 상호 연결되는 방식은 변할 것이고, 새로운 유형의 관계성을 요구할 것이다.

2. 세계화와 신기술은 조직, 직업 그리고 역할의 경계를 느슨하게
    한다. 조직의 차원에서, 우리는 다양한 산업 분야에서 생산자, 공
    급자 그리고 고객 간의 경계가 느슨해지고 있음을 본다. 고객은
    정교한 정보기술 도구를 사용함으로써 기업의 영업부서에 직접
    접촉하여 그들이 필요로 하는 제품이나 서비스를 자세히 확인
    하고, 컴퓨터에서 즉각적으로 가격과 배송 날짜를 확인한다. 이
    러한 시스템이 더욱 일반화됨에 따라 '구매 대행자와 판매자의
    역할'이 더욱 모호해질 뿐만 아니라, 그들의 역할 변화는 조직
    전체에서 주문처리 과정, 마케팅 그리고 설계, 생산의 재정의를
    필요로 하는 연쇄반응을 일으킨다.

    동시에 비서직에서 복잡한 생산 공정까지 모든 것의 자동화
    로 인해 대부분의 일이나 직무는 표준화나 매뉴얼화 될 수 없는
    상상력, 창의성이나 큰 그림을 볼 수 있는 우뇌가 중심이 되는
    개념적 일(conceptual work)이 될 수 있다. 자동화된 정유 공장,
    핵 발전소, 제지 공장 등의 조직에서 일하는 운용자(operator)*는
    관리자 못지않게 공장의 운영에 관해서 더 많이 알게 된다. 그리
    하여 새로운 권력 관계를 만든다. 관리자는 그들의 부하 직원이
    알지 못하는 것을 아는 권력을 더 이상 갖지 않기 때문에 그들
    의 역할은 점점 모호해진다. 관리자들은 그들과 생산 근로자의
    관계가 근본적으로 변화하였고, 근로자들이 역할 네트워크에서

---

* 운용자(operator): 기계류의 조작에 종사하는 사람. 특히 전화교환원, 무선통신사,
컴퓨터 조작자 등을 이른다.

더욱더 중심적인 위치를 점유하게 되었다는 점을 알아야 한다.

3. 일이 기술적으로 점점 복잡해짐에 따라 사람들은 거의 운용적 역할만을 하지 않고, 지식 기반 서비스와 운영을 지원하는 역할을 더 많이 수행할 것이다. 일반적으로 자동화의 목적은 인원 수를 줄이는 것이다. 그러나 그 결과는 일반적으로 근로자의 재분배다. 즉, 운영자는 거의 필요하지 않고, 지원 서비스(support service) 인력이 더 많이 필요하게 된다. 운용에 필요한 전체 비용은 크게 변하지 않지만, 수행되는 직업 유형은 극단적으로 변할 것이다. 그래서 고용인 집단 간의 관계는 아직 알려지지 않은 방법으로 변할 것이다.

운용자는 일을 정확하게 할 직접적인 책임이 있지만, 프로그래머, 시스템 공학자 그리고 유지관리 공학자(maintenance engineer)는 시스템 가동, 컴퓨터 오작동을 관리해야 하는 더욱 궁극적인 책임이 있다. 관리는 더욱더 기능 간의 조화를 강조하는 한편, 이러한 모니터링과 관리 기능은 줄어든다. 서비스 역할을 하는 동료는 이전보다 훨씬 더 역할 네트워크의 중심에 있다고 볼 수 있다.

---

* 개념적 일(conceptual work)이란 단순히 자동화로 대체될 수 없는 창의성, 혁신, 디자인, 그리고 큰 그림을 그릴 수 있는 능력으로, 미래 사회에서 핵심적으로 요구되는 일거리라 할 수 있다.

4. 개념적 일*이 증가하고, 일/역할 경계가 느슨해짐에 따라, 불안 수준이 증가할 것이다. 인간은 환경에 대한 예측 가능성과 안정 가능성에 의존한다. 비록 우리에게 창의성과 새로운 자극에 대한 요구가 있다고 할지라도, 그러한 동기는 우리의 안전, 안정 그리고 예측 가능성을 기반으로 하는 인간의 본성적인 측면과 대척된다는 점을 망각해서는 안 된다. 조직이 증가하는 경쟁 압력에 직면하고, 직업이 더욱 개념적이 되고, 모든 직업에서 책임이 증가함으로써 우리는 스트레스에 직면할 것이고, 조직 전체의 불안 수준이 증가할 것이다. 형식화와 제도화를 통해 그러한 불안을 줄일 수 있지만, 정보와 지식 시대의 직업은 융통성과 혁신을 더욱 요구한다. 그리하여 불안 수준이 증가하는 것은 불가피하다.

경영관리자에게 가중되는 역할은 자기 통제력과 불안을 헤치며 일을 해 나가는 능력이다. 비록 어떤 개인이나 그룹 역학에 의해서 이러한 일이 가능할지는 몰라도 말이다. 사람이 불안할 때, 다른 사람과 함께 있기를 원할 것이고, 조직 내에서 그룹의 가장 중요한 기능 중의 하나는 공유하고 있는 불안을 관리하는 것이다. 직업이 점점 복잡해지고, 그 직업에 참여하는 개인의 불안 수준이 증가하기 때문에 그룹과 팀을 지속적으로 강조하게 되는 것이다. 사회기술적 시스템의 개념은 수십 년간 널리 알려지고 있지만, 그것은 점점 중요한 개념이 되어 가고 있는 듯하다. 사람은 사회적 요소로부터 직업의 기술적 요소를 구별할 수 없다.

5. '구조조정'의 과정에서 조직은, ① 위계 구조 재검토, ② 더욱 수평적인 조직으로의 변화, ③ 위계적인 것보다 조화로운 메커니즘에 의존, ④ 다양한 방법으로 직원들에게 '권한'을 준다. 미래의 수평적이고 네트워크화되고 프로젝트에 기반을 둔 조직에서, 권력과 권한은 각 프로젝트 리더 간에 돌아가면서 공유될 것이다. 개인 프로젝트 구성원은 타 프로젝트 리더와 함께하는 프로젝트에 걸맞게 그 자신의 활동을 조정해야 한다. 운영 권한은 한 프로젝트 리더에서 다른 리더에게로 빠르게 이동할 것이고, 개인 프로젝트 구성원은 자신이 동시에 여러 리더 사이에 거미줄처럼 끼어 있다는 것을 알게 될 것이다. 지식과 정보가 더욱 광범위하게 분포됨에 따라 직원들은 그들의 리더가 모르는 것도 알 수 있게 되면서 실질적으로 권한을 가질 수도 있다.

그러나 인간 시스템에는 위계가 존재한다. 그래서 그들의 기능이 변화하더라도 위계 구조가 없어지는 것을 볼 수는 없을 것이다. 특히 강력한 프로젝트 그룹, 부서 그리고 다른 조직 부서와의 조화는 그룹 내, 그리고 조직 내적 맥락에서 일어나는 필수적인 정치적 권력투쟁을 피하기 위해서 지속적으로 효과적인 리더십과 위계를 요구할 것이다. 예를 들면, 공무원 조직의 위계나 법률회사에서 파트너십 지분의 정도나 전문성 수준의 위계와 같은 더 광범위한 위계적 범주가 있기 때문에 지속적으로 커리어 개발이 이루어지게 되지만, 그러한 위계가 주어진 업무나 프로젝트에 대해서 누가 운영 권한을 가질 것인가에 대한 좋은 안내 지침이 될 수는 없을 것이다. 사람에 대한 존중심과 그들이 발휘할 수 있는 영향력의 정도는 그들의 형식적 위계보다는 운영적 성과와 더욱 관련이 있을 것이다. 그리고 위계는 시간이 갈수록 조직의 핵심 원리라기보다는 다소 조직적 삶에 필요한 보조물로 인식될 것이다.

권력과 권한은 개인의 지식 수준이나 그 사람이 발휘할 수 있는 기술의 정도에서 나온다. 그러나 개념적 지식은 눈에 보이지 않기 때문에 누가 무엇을 아는지, 누가 어떤 사람을 따라야 하는지에 대한 오해와 갈등이 증가할 것이다. 이에 권한과 영향력의 행사가 더욱 문제가 된다. 이는 결국 조직의 불안 수준을 증가시킬 것이다.

6. 조직은 더욱 차별화되고 복잡해진다. 모든 분야에서 기술의 비약적인 발달로 인해 제품이 다양해지고, 이용 가능한 서비스가 증가하고 있다. 동시에 증가하는 풍부함과 더욱 광범위하게 보급되는 제품과 서비스에 대한 정보는 소비자의 요구를 증가시킨다. 또한 조직은 제품과 서비스를 전 세계의 곳곳에 더욱 다양하고 빠르게 전달할 수 있어야 한다.

이러한 변화의 주요 결과 중 하나는 직접 제품을 만들고 서비스를 제공하는 조직은 더욱 차별화되고 복잡해진다는 것이다. 이것은 결과적으로 앞으로 다양한 전문가가 더욱 늘어날 것이고, 이들 또한 관리되어야 하며, 유기적으로 조직 전체와 조화롭게 연결되어야 한다는 것을 의미한다. 대다수의 이러한 전문가는 동기 부여를 받지도 않고, 서로 소통할 수도 없다. 이러한 결과로, 다양한 전문가들 간에 각자의 노력을 통합해야 하는 새로운 과제를 낳는다. 공장의 연구 개발자, 제조 공장의 전문화된 설계자 혹은 컴퓨터 프로그래머의 전문성은 회사의 투자 포트폴리오를 관리하는 재무 분석가 혹은 가장 최근 차별 철폐 조치의 해석에 관심 있는 인사 전문가는 각자의 전문 분야에서만 활동하기 때문에 소통을 위한 공유점이 없다. 하지만 이처럼 다양한 전문가들은 전체 조직의 복지에 기여하고, 그들의 노력을 통합해야 한다. 그러한 통합은 관련된 모든 전문가와 관리자가 이해관계자로서 서로를 의식하고, 상호 기대에 부응하려는 노력을 할 때 일어난다.

그들 중 다수가 관리직이 되는 것을 꺼리기 때문에 선임 관리자는 전문가의 특정 커리어 개발에 대해서 고민하고 계획을 세워야 한다. 그러한 조직 개발 계획은 전문가의 역할 네트워크의 명확한 이해와 이러한 이해를 기반으로 한, 직원 개인의 '커리어 개발 계획'이 연동되지 않으면 무의미할 수 있다.

7. 기업의 하부 조직은 그들이 점차적으로 상호 의존한다는 사실에도 불구하고, 상호 의사소통을 점점 어렵게 하는 하부 문화를 발전시킨다. 하부 조직이 동시에, 그리고 순차적으로 다양한 방법으로 상호 의존하기 때문에 복잡한 제품이나 서비스를 일정 기간 동안 효과적으로 산출하기 위해서는 하부 조직 간 조율과 통합이 필요하다. 예를 들면, 만약 재무 부서가 회사의 현금 공급을 적절하게 관리하지 않는다면, 자본 확충 또는 연구·개발

을 위한 기회가 없을 것이다. 반면에 비용 절감을 위해서 공학 설계와 관련된 몇몇 요소의 질을 낮춘다면, 그 결과는 고객의 불만, 회사의 명성 하락, 그리고 그 결과로 인한 회사 현금 조달 능력의 감소로 나타날 것이다. 이러한 점에서 공학과 재무 분야는 각각 전문화되어 있고, 상호 직접적인 영향이 없음에도 사실상 꽤 상호 의존적이다.

순차적 상호 의존성은 가장 일반적인 상황이다. 만약 연구 · 개발 부서에서 제품의 콘셉트나 프로토타입을 잘 만들지 못한다면, 엔지니어링 부서에서는 제품이나 서비스를 설계할 수 없다. 역으로 만약 엔지니어링 부서에서 실제와 동떨어진 설계를 한다면 제조 부서는 제품을 만들 수 없다. 그리고 만약 제조 부서에서 기능이 떨어지는 제품을 만든다면, 판매와 마케팅 부서는 제 역할을 할 수 없다. 마찬가지로 마케팅이 제조 부문에 미래 고객의 요구나 가능성을 명확히 전달할 수 없고, 제조 부서에서 일어나는 프로세스의 혁신이 실현 가능한 제품의 유형과 관련하여 마케팅과 엔지니어링 부서 모두에 영향을 미친다면, 연구 · 개발 부서에서는 그 개념을 정확하게 설정할 수 없다.

이러한 상호 의존성은 항상 조직 내에 존재한다. 최종 제품이나 서비스가 더욱 복잡하고, 한 부분의 역기능에 취약하기 때문에 전문성이 증가하면, 상호 의존성 또한 증가해야 한다.

컴퓨터 제품 또는 서비스보다 명확한 예는 없다. 하드웨어와 소프트웨어는 처음부터 적절하게 설계되어야 하고, 다양한 전문가에 의해서 설치되어야 한다. 그리고 이들은 컴퓨터의 최종

사용자와 컴퓨터 시스템 사이에서 인터페이스 역할을 해야 한다. 만약 어떤 전문가가 그의 일을 잘하지 못한다면, 전체 서비스 또는 제품은 실패할 것이다.

각 전문성은 전문용어, 세상을 인식하는 방법과 문제를 분석하는 방법, 일반인 관리보다 자신들만의 기술 공동체에 더욱 반응하는 것과 같이 그 자신의 폐쇄적인 하부 문화를 발전시킨다. 따라서 리더십과 경영관리는 하부 문화의 폐쇄성을 허물고, 조직의 더 나은 이해와 공동의 목표를 달성하도록 돕는 과정이다.

8. 조직 분위기는 더욱 협력적이 된다. 조직 부문과 개인 간의 경쟁이 점점 사라진다는 인식은 상호 독립성의 인식에 영향을 미친다. 팀워크와 협력 관계는 점차 일을 하는 데 필요하다고 제안된다. 이러한 경향은 경쟁이 좋은 것이라는 외부 시장 철학에 배치된다. 조직 간 관계가 지속적으로 경쟁적이라고 할지라도, 협력과 팀워크는 조직 내에서 점점 더 필요한 듯 보인다.

만약 이러한 경향이 세계적이라면, 정치적인 이유 때문이 아니라 기술 필요성의 실제적인 이유 때문에 조직 간에 서로 협력하는 모습을 볼 수 있을 것이다. 이처럼 증가된 협력은 사회주의 경제에서 시도하는 것처럼 중앙 계획하에 이루어지지 않고, 정보의 순환과 분산이 이루어져야 다양한 부서 간의 협력 관계가 형성된다. 그러나 자율적인 부서 간의 조정이 일어나기 위해서는 정보를 더 광범위하게 이용하도록 해야 할 뿐만 아니라, 시스템 내의 모든 활동가가 그 속에서 그들의 역할을 확실히 할 수 있도록 해야 한다. 동일한 정보는 다른 하부 문화에 의해 다양한 방법으로 규정되고 해석될 수 있다. 협력 작업을 위해서 공통의 틀이 개발되어야 하고, 그 프로세스는 구성원을 더 많이 상호 문화, 그룹 그리고 팀 활동에 관련시켜야 할 것이다. 공유의 틀을 만드는 것이 점점 더 리더십의 주요 과업이 될 것이다.

이 트렌드는 더욱 협력적인 관계를 지향하고, 범문화적 이해를 필요로 하는 조직적 과정을 다시 디자인해야 하는데, 사실 이러한 변화의 주체가 되어야 할 관리자들은 약육강식의 치열한 경쟁 환경에서 자신들의 커리어를 개발해 왔기 때문에 다양한 조직 하부 문화와 소통할 수 있는 역량이 개발되지 못했다. 따라서 관리자들이 새로운 그들의 과업을 수행하는 데 어려움에 직면할 수 있다.

많은 관리자가 '팀워크'에 입에 발린 찬사를 보낸다. 하지만 그들의 일상적인 스타일은 이런 개념을 확실히 이해하지 못했거나, 이런 개념을 지원하지 않는다는 명확한 신호를 보낸다. '팀'은 전혀 팀으로서 기능하지 않는다는 예측 가능한 결과를 보게 될 것이다. 불행하게도 관리자와 부하 직원은 팀워크라는 개념이 잘못 정의된 것이라 생각하지, 그들이 팀워크를 제대로 실행하고 있지 않아서 생긴 문제라고 생각하지 않는다. 그들이 속해 있는 네트워크의 특성과 그것의 문화적 요소에 대해 이해하게 된다면, 팀워크의 실행을 더욱 잘 해낼 수 있을 것이다. 그리하여 팀으로서 수행할 때, 일/역할 분석과 계획 활동이 중요한 팀 구성 기능이 된다.

9. 조직은 수평적 의사소통 채널에 더욱 의존하게 된다. 기술 전문가 사이의 수평적 정보 이동의 요구는 다소 위계적으로 진행하기보다 협력적 팀워크를 위한 요구와 밀접하게 연관되어 있다. 예를 들면, 어떤 회사는 고위 경영진들이 연구 개발 부서의 팀원에게 마케팅 이슈에 대한 설명을 하기보다 연구 개발 부서와 마케팅 부서를 위치적으로 가까운 곳에 두고 그들 사이의 직접적인 접촉을 유도한다.

전자산업과 같은 복잡한 산업에 있는 고객, 영업 사원 그리고 마케팅 전문가는 아마도 일반 관리 업무보다는 비즈니스의 기술적 측면에 관해서 더욱 잘 알 것이다. 그리하여 성공 가능성이 있는 제품이나 서비스를 결과물로 제출하기 위해서는 그들이 설계자 및 공학자와 직접적인 상호작용을 해야만 한다는 것을 안다.

조직 구조의 주요 결정은 과업의 복잡성과 환경적 불확실성을 기반으로 하는 조직의 정보 처리 요구에 따라야 한다. 다차원적 위계 구조는 과업의 복잡성과 불확실성이 낮을 때 유효하다. 프로젝트 팀, 태스크포스 팀, 특별한 목적을 가진 위원회, 일인 다역을 하는 조직 부서 그리고 매트릭스 경영과 같은 수평적 구조는 복잡성과 불확실성이 높을 때 흔하게 볼 수 있는 구조다.

기술의 성장 가능성과 소비자의 요구는 더욱 복잡해지며, 결국에 조직은 정보기술에 의해 조화, 통합 그리고 팀워크를 가능하게 하는 수평적 커뮤니케이션이 가능하게 될 것이다. 관리자는 자신의 커리어가 위계적인 원리와 명령의 사슬로 짜인 조직 상황에서 만들어졌기에, 이제는 예전과 다른 새로운 상황에 직면하게 된다. 이처럼 '전통적인' 조직에서는 명령의 사슬에서 벗어난 외부 사람과의 소통을 제한하거나 만약 하게 된다면 거기에는 처벌이 따른다. 그러나 미래에는 조직적 보상 시스템과 분위기가 수평적 의사소통을 격려할 뿐만 아니라, 이러한 그룹이 다른 하부 문화를 가지는 것을 고려하는 관리자는 수평적 조직을 만들고, 그것이 유효하도록 훈련되어야 한다.

10. 가족, 개인 그리고 직업을 둘러싼 사회문화적 가치가 변화하고 있다. 점점 사람들은 전통적인 조직 충성의 개념과 형식적인 직책, 나이 또는 연공서열 기반의 권력에 가치를 두지 않고, 조직에서 개인주의와 개인의 권리에 더욱 가치를 부여한다. 점차 사람들은 그들에게 수행이 요구되는 과업이 의미가 있기를 바라며, 자신의 재능을 표현하기 위한 도전과 기회를 필요로 한다. 특히 그들이 다문화 그룹 혹은 성별, 나이, 종교, 민족성과 같이 몇몇 임의적인 것을 기반으로 차별받을 위험에 처해 있다면, 개인의 권리가 보호되기를 요구할 것이다. 또한 그들에게 영향을 미칠 사안에 대해 어느 정도 결정권을 요구하고, 참여적 관리, 근로자의 직업 설계에의 참여 및 협력적 문제 해결과 같이 '산업 민주주의'의 다양한 양식의 성장으로 이끌어 나갈 것이다.

앞서 언급한 것과 같이, 인력을 고용하는 조직의 관점에서 보면, 근로자의 참여의 증가는 과업의 전문화 방향으로 흐르는 추세에 비추어 볼 때 거스를 수 없는 대세라 할 수 있다. 수많은 결정에서 근로자들이 주요 정보를 가지고 있기 때문에 올바른 결정을 하기 위해서는 그들을 포함시켜야만 한다. 그리하여 직원들에게 '권한'을 부여하는 것이 유행하게 되었다.

사람들은 전체적 삶의 관심만큼 일이나 커리어에 가치를 두지 않거나, 개인 삶에 대해 제각기 가지고 있는 유일한 척도만큼이나 조직 내에서 승진 또는 위계 이동에 가치를 두지 않는다. 대신 직업, 커리어, 가족 그리고 자기계발 등 이 모든 것의 참여와 균형 잡힌 삶으로 이끄는 것에 더욱 가치를 두고, 점차적으로 성공은 자신이 가진 재능의 완전한 활용이라는 관점과 조직뿐만 아니라 가족, 공동체 그리고 자신에게 공헌하는 관점에서 정의된다.

커리어는 다른 유형의 커리어 앵커에 의해서 만들어진다. 그리고 전문가적 역량, 총괄 관리자 역량, 자율성/독립성, 보장성/안정성, 창업가 역량, 봉사/헌신, 순수한 도전 또는 라이프 스타일에 관련이 있든 없든 간에 성공과 성취는 다양하게 측정된다.

또한 사람들은 직업과 가족의 역할에 있어서 남성과 여성이라는 성 역할의 전통적 개념에 가치를 덜 둔다. 그리하여 커리어와 직업 영역에서 우리는 성별에 관계없이 동등한 고용 기회의 증가, 직업에 있어 성 역할 전형의 붕괴(예: 여자가 공과대학에 가고, 남자는 간호대학에 간다) 그리고 가족 역할에 있어 성 역할 전형의 붕괴(예: 여성은 주요 '생계 이해관계자'가 되고, 남성은 아이를 돌보고, 밥을 하고, 집을 청소하는 가사 노동자로 집에 머문다)와 같은 트렌드를 보고 있다. 우리 사회는 남자와 여자를 위해 새로운 일, 가족 역할 그리고 라이프 스타일을 추구하기 위한 다양한 선택권을 열어 주고 있다. 주요 결과 중 하나는 '맞벌이' 가족이다.

사람들은 경제 성장에 가치를 덜 부여하고, 그들이 살고 있는 환경의 질을 보존하고 보호하는 데 상대적으로 더욱 큰 가치를 부여한다. 기술의 영향을 평가하는 것은 우리 사회에서 주요한 활동이 되어 간다. 그리고 사람들은 점차 경제적, 물리적 성장에 대해 반대하는 경향이 나타날 수 있다. 예를 들면, 초음속 여객기를 만들고, 공항이 SSTs(초음속 여객기)를 사용하도록 하는 것조차 꺼리며, 도시를 관통하는 고속도로 건설의 갑작스러운 중단, 경제적으로 침체된 지역에서조차 만약 환경이 보존되지 못한다면 석유 정제 시설 혹은 핵 발전소의 건설을 거부한다. 그러나 지난 20년간 본 것처럼 만약 경기 침체가 일어나거나 정치적 분위기가 변한다면, 경제 성장의 가치는 강하게 수면 위로 떠오를 것이고, 환경을 보호하기 위한 요구와 직업 성장을 위한 요구 사이에서 갈등이 생길 것이다.

이러한 가치 변화와 갈등은 사회의 다른 부분에서 제공되는 인센티브와 보상을 더욱 다양하게 하고, 그 결과로 훨씬 덜 통합되는 상황을 만든다. 우리는 조직적 '세대 차이'를 극명하게 직면하게 될 것이다. 즉, 직업에 대한 '청교도 윤리(Protestant ethic)' 태도로 움직이는 구세대 관리자나 직원들과 다르게 신세대 직원들은 임의적 권력, 일시적인 권력, 의미 없는 일, 조직에 대한 충성, 제한적인 인사 정책 그리고 회사의 근본적인 협력 목표와 특권에 대해 항상 의문을 던지는 젊은 직원들의 대립을 본다.

다양한 선택의 기회가 열리고, 조직의 관리자들이 더 이상 전통적인 성공 윤리에 집착하지 않게 되면서 사람들은 승진과 지리적인 이동을 거부하고, 가족 활동 또는 직업을 벗어난 취미를 더욱 활발하게 추구하는 동안 심지어 '조기 퇴직'의 움직임을 보이려고 할 것이며, 형식적인 위계적 지위 또는 더 많은 급여보다 더욱 도전적이고 자신의 삶의 준거에 따라 보상받는 것으로 보이는 다양한 종류의 '제2의 커리어'를 추구하기 위해서 높은 잠재성을 지닌 커리어를 그만두기도 한다.

미래 커리어 선택을 위한 일/역할 계획

당신은 몇 가지 가능한 미래의 직업 유형을 염두에 둘 것이다. 그러한 직업이 당신에게 적당할지, 그리고 당신의 커리어 앵커에 적합할지 결정하기 위해서 해당 직업을 위한 역할 지도를 만들 필요가 있다. 혼자서는 이것을 작성하는 데 충분한 정보를 가지고 있지 않을 것이다. 따라서 그러한 직업을 가지거나 밀접하게 연관된 직업을 가진 두 명 이상의 사람을 찾아보도록 하자.

미래 직업을 고려할 때, 그 미래 직업에 익숙한 두세 명의 동료와 후임 혹은 선임과 함께 논의하는 것이 좋다. 그리고 함께 논의하는 사람들은 미래 직업에 대해 잘 아는 사람이어야 할 것이다.

- 1단계: 빈 종이의 중심에 직업을 기록한다.
- 2단계: 동료의 도움을 받아 그 직업의 핵심 이해관계자를 확인하기 위한 역할 지도를 그린다.
- 3단계: 핵심 이해관계자의 기대를 분석하고, 특히 앞에서 확인된 트렌드에 기대어 이 기대가 앞으로 어떻게 변할지 추

측해 본다.

- **4단계**: 커리어 역량을 스스로 평가해 본다.
- **5단계**: 당신이 분석한 대로의 직업, 그 직업에서 필요한 역량, 스스로 생각하기에 당신이 가지고 있는 필요한 역량(다음 장을 보시오) 그리고 당신의 커리어 앵커, 이 모든 것을 분석하는 방법이 적합한지 생각해 보라.

미래 직업 역할 지도

미래 일/역할 요구 사항 자가평가

미래 직업은 당신의 커리어 앵커와 양립 가능할 것이다. 그러나 가까운 미래에 당신에게 부족한 특정한 동기, 역량 그리고 가치를 요구함으로써 개발의 필요성을 보여 주게 될 것이다. 그러한 점에서 자신을 분석하는 것을 돕기 위해, 자신을 평가하기 위한 50개의 문항이 다음에 제시된다. 이 문항으로 자신을 평가하고 난 후, 미래의 직업이 요구하는 관점에 대해서, 그리고 당신이 어느 정도 그 관점과 일치하는지(자격이 되는지)에 대해서 생각해 볼 수 있다.

▶ 다음의 각 문항으로 당신 자신을 평가하라. 가장 낮은 점수인 '1'은 당신이 동기, 역량 혹은 어느 정도의 가치도 가지고 있지 않음을 의미한다. 반면 가장 높은 점수인 '4'는 당신이 이러한 것을 아주 많이 가지고 있음을 의미한다. 각 항목을 위해서 두 개의 평점을 제공하라. 당신이 지금 생각하고 있는 숫자에 'O' 표시하고, 당신이 해야만 한다고 생각하는 숫자에 'X' 표시를 하라. 이것은 시험이 아니고 당신 자신의 강점과 발전 요구를 확인하는 것이기 때문에 정직하게 임해야 한다.

A. 동기와 가치

번호	문항	낮다			높다
		1	2	3	4
1	직업을 수행하려는 나의 바람, 성취하려는 나의 욕구	1	2	3	4
2	조직과 임무에 대한 나의 헌신	1	2	3	4
3	커리어에 대한 열망과 열정	1	2	3	4
4	니의 거리어에 내가 일마나 관련되어 있는지에 대한 정도	1	2	3	4
5	높은 차원의 책임에 대한 욕구	1	2	3	4
6	위험을 감수하려는 욕구	1	2	3	4
7	힘든 결정을 내리려는 욕구	1	2	3	4
8	사람과 함께 일하려는 욕구	1	2	3	4
9	권력과 권한을 행사하려는 욕구	1	2	3	4
10	타인의 활동을 모니터하고 감독하려는 욕구	1	2	3	4
11	타인이 성공하도록 권한을 위임하고 도우려는 욕구	1	2	3	4
12	기능과 기술적 제한에서 벗어난 총괄 관리자로서 기능하려는 욕구	1	2	3	4
13	타인과 경쟁하기보다 협동하여 일하려는 욕구	1	2	3	4
14	학습하려는 욕구	1	2	3	4
15	그것이 실패로 이끈다 해도 위험을 감수하려는 욕구	1	2	3	4

B. 분석력과 기술

번 호	문 항	낮다			높다
		1	2	3	4
16	복잡하고 모호한 상황에서 문제를 확인하는 능력	1	2	3	4
17	복잡한 문제에 어떤 정보가 필요한지 빠르게 알아내는 능력	1	2	3	4
18	타인에게서 필요한 정보를 습득하는 능력	1	2	3	4
19	스스로 수집하지 못하는 정보의 타당성을 평가하는 능력	1	2	3	4
20	경험으로부터 빠르게 학습하는 능력	1	2	3	4
21	자신의 활동에서 잘못을 인지하는 능력	1	2	3	4
22	다른 종류의 문제를 위한 다른 해결책을 생각하고 실행하는 능력과 융통성	1	2	3	4
23	창의성과 재능	1	2	3	4
24	다양한 상황을 볼 수 있는 관점과 통찰력의 폭	1	2	3	4
25	나 자신(강점과 약점)을 볼 수 있는 통찰력의 정도	1	2	3	4

C. 대인 간/그룹 간 기술

번호	문항	낮다			높다
		1	2	3	4
26	동료와 열린 신뢰 관계를 개발하는 능력	1	2	3	4
27	상사와 열린 태도 및 신뢰 관계를 개발하는 능력	1	2	3	4
28	부하 직원과 열린 태도 및 신뢰 관계를 개발하는 능력	1	2	3	4
29	타인을 이해하려는 마음을 갖고 이야기를 듣는 능력	1	2	3	4
30	명확하고 설득력 있게 나 자신의 생각과 아이디어를 의사소통하는 능력	1	2	3	4
31	감정을 명확하게 의사소통하는 능력	1	2	3	4
32	내가 직접 통제하지 못하는 사람에게 영향을 미치는 능력	1	2	3	4
33	동료에게 영향을 미치는 능력	1	2	3	4
34	상사에게 영향을 미치는 능력	1	2	3	4
35	부하 직원에게 영향을 미치는 능력	1	2	3	4
36	복잡한 대인 간 및 그룹 상황을 진단하는 능력	1	2	3	4
37	스스로 결정해야 할 필요 없이 높은 질적 결정을 보장하는 프로세스를 개발하는 능력	1	2	3	4
38	협력과 팀워크의 분위기를 개발하는 능력	1	2	3	4
39	그룹 간 및 기능 간 조화를 촉진하기 위한 프로세스를 설계하는 능력	1	2	3	4
40	부하 직원을 위해 성장과 발전의 분위기를 조성하는 능력	1	2	3	4

D. 감성 역량과 기술

번호	문항	낮다			높다
		1	2	3	4
41	타인의 선택에 의존하지 않고, 스스로 결정할 수 있는 정도	1	2	3	4
42	타인과 권력을 공유할 수 있는 정도	1	2	3	4
43	오류를 허용하고, 인식할 수 있는 정도	1	2	3	4
44	모호함과 불확실성을 참을 수 있는 정도	1	2	3	4
45	비록 부정적인 결과를 가져온다고 해도, 위험을 감수하고 활동 경로를 따라갈 수 있는 능력	1	2	3	4
46	비록 화나고 불안하게 만든다고 해도, 활동 경로를 따라갈 수 있는 능력	1	2	3	4
47	갈등 상황을 감추고 피하기보다 대면하고 돌파할 수 있는 능력	1	2	3	4
48	실패 경험 이후에도 지속할 수 있는 능력	1	2	3	4
49	역할 모호와 역할 과중 혹은 역할 갈등이 있을 때, 이해관계자와 대면하는 능력	1	2	3	4
50	환경적 소란에 직면하여 지속적으로 대응하는 능력	1	2	3	4

자기계발 필요성의 인식과 계획 수립

앞의 자가진단에서 현재 자신의 위치를 평가했던 점수와 자신이 만족할 만하다고 생각하는 위치의 점수 사이에서 가장 큰 불일치가 있는 항목을 자세히 살펴보라. 중요한 불일치가 있다고 느끼는 각 항목에서, 자신을 위한 개발 계획을 세우거나 자신의 현재 능력이 그 일을 감당할 수 있을 정도로 그 직업을 재구조화해야 한다.

만약 당신이 직업을 재구조화해야 한다는 결론을 내린다면, 관계된 이해관계자들과 재협상하는 것은 물론, 새로운 기대가 자신의 관점이나 그들의 관점에서 현실적인지 생각해 보아야 한다.

당신이 계획하여 실행할 다양한 개발 혹은 재구성 활동을 다음에 기록하고, 다양한 시점에 검토할 수 있는 참고 자료로 이 목록을 보관한다.

개발 계획

항목 2

개발 계획

개발 계획

■ 당신이 계획한 모든 것이 실행된다면, 당신이 따라야 할 그다음 단계는 무엇인가?
그것을 상세하게 기록하고 각 단계를 위한 시간 계획을 세워라.

1단계

➡ **시간 계획**

➡ **시간 계획**

결론적으로 당신 자신의 커리어 개발은 자신을 알고, 미래의 직업과 커리어 선택의 요구 사항을 해결해 나가는 능력에 달려 있다. 특히 자신이 가치를 두는 것과 포기하기를 원치 않는 당신의 커리어 앵커가 미래 직업의 역할 네트워크의 가능성과 제한성에 어떻게 일치하는지를 생각하라. 자가진단지를 주기적으로 꺼내서 읽고, 역할 지도 그리기 연습을 하는 것은 더 나은 커리어를 만들고 인생에서 중요한 결정을 할 수 있도록 돕는다는 것을 발견하게 될 것이다.

📄 참고문헌

Arthur, M. B., & Rousseau, D. M. (Eds.) (1996). *The boundaryless career.* New York: Oxford.

Bailyn, L. (1978). Accommodation of work to family. In R. Rapoport & R. N. Rapoport (Eds.), *Working couples.* New York: Harper & Row.

Bailyn, L. (1992). Changing the conditions of work: Implications for career development. In D. H. Montross & C. J. Schinkman (Eds.), *Career development in the 1990s: Theory and practice.* Springfield, IL: Thomas.

Bailyn, L. (1993). *Breaking the mold.* New York: The Free Press.

Bianchi, S. M., Casper, L. M., & King, R. B. (Eds.) (2005). *Work, family, health and well–being.* Mahwah, NJ: Erlbaum.

Davis, S. M., & Davidson, B. (1991). *2020 vision.* New York: Simon & Schuter.

Derr, C. B. (1986). *Managing the new careerists.* San Francisco: Jossey-Bass.

Durcan, J., & Oates, D. (1996). *Career paths for the 21st century.* London: Century Business Press.

Hall, D. T. (2002). *Careers in and out of organizations.* Thousand Oaks, CA: Sage.

Kossek, E., & Lambert, S. (Eds.) (2005). *Working and life integration: Cultural and individual perspectives.* Mahwah, NJ: Erlbaum.

Schein, E. H. (1971). The individual, the organization, and the career: A conceptual scheme. *Journal of Applied Behavioral Science, 7,* 401–426.

Schein, E. H. (1975). How career anchors hold executives to their career paths. *Personnel, 52,* 11–24.

Schein, E. H. (1977). Career anchors and career paths: A panel study of management school graduates. In J. Van Maanen (Ed.), *Organizational careers: Some new perspectives.* Hoboken, NY: John Wiley & Sons.

Schein, E. H. (1978). *Career dynamics.* Reading, MA: Addison–Wesley.

Schein, E. H. (1987). Individuals and careers. In J. Lorsch (Ed.), *Handbook of organizational behavior.* Englewood Cliffs, NJ: Prentice–Hall.

Schein, E. H. (2004). *Organizational culture and leadership* (3rd ed.). San Francisco: Jossey–Bass.

"내 생애 커리어 앵커를 찾기 위한 마지막 여정은
스스로 커리어 개발을 위해, 뒤에서 조력해 줄,
효과적인 퍼실리테이터가 되기 위해
필요한 지식 기반이 제공된다."

제**3**부

커리어 앵커
퍼실리테이터 가이드

서 론

커리어 앵커 퍼실리테이터(facilitator)가 성공적인 역할을 수행하기 위해서는 '커리어 앵커 자가진단지'와 '참여자 워크북'에 친숙해야 한다. 여러분이 진단지와 워크북을 다른 사람들과 함께 사용하기 전에 이 두 가지를 충분히 검토하고, 여기에 익숙해질 시간을 가져야 한다.

커리어 앵커(career anchors)의 개념은 다양한 고용 현장의 남녀에 관한 종단 연구에서 출발했다. 이 개념의 주요 적용점은 커리어의 초기, 중기, 말기에 있는 개인이 자신의 일이나 커리어에서 정말로 가치를 두는 것과 만약 어떤 선택을 하도록 강요받는다면 포기하지 않을 것을 찾도록 돕기 위한 커리어 컨설팅과 코칭에 있다.

이 커리어 앵커 자가진단지는 사람들이 스스로의 가치를 확인하도록 돕는 40개의 질문 항목이다. 이 자가진단의 결과는 다양한 앵커/커리어 범주에서 그 사람에 대한 프로파일을 제공한다. 앵커/커리어 범주는 간단하게 설명되어 있다. 몇 가지 목적을 위해서 이것은 개인이 커리어 개발 이슈에 관해 생각하도록 충분한 도움을 줄 것이다. 그렇기 때문에 이 진단지는 단독으로 사용할 수도 있다.

제1부의 커리어 앵커 자가진단지는 참여자들에게 질문을 하고 가능성을 제기하는 준비 단계(warm-up)이지, 자신의 커리어 앵커가 무엇이며, 앵커를 커리어 개발에 연결시키기 위해 해야 하는 것은 무엇인지에 대한 이슈를 해결해 주지는 않는다. 본격적인 커리어 앵커 프로그램이라고 할 수 있는 제2부의 커리어 앵커 참여자 워크북은 다음과 같은 사항을 제공한다.

- 커리어 개발에 대한 더욱 완전한 그림을 제공한다.
- 내부 커리어와 대부분의 고용에서 외적으로 정의된 단계(외부 커리어) 간의 중요한 차이를 보여 준다.
- 각각의 앵커/커리어 범주의 더욱 완전한 설명을 포함한다.
- 참여자의 커리어 이력을 조사하기 위한 인터뷰 가이드를 제공한다.
- 역할 지도 만들기를 통해서 일/역할 분석의 개념을 설명한다.
- 직업 세계에서 일어나는 몇 가지 변화를 설명한다.
- 참여자의 커리어 성장과 개발을 위한 발전적 요구를 확인하는 것을 돕는 자가진단지를 제공한다.

인터뷰는 개인이 가치를 두는 것, 개인에게 동기를 유발하는 것 그리고 자신이 인지하는 역량이 무엇인지에 대하여 더욱 완전한 그림을 제공하기 때문에 중요하다. 그러나 자신이 하는 일 또는 커리어에 관하여 충분히 알지 못하면서, 자신을 이해한다는 것은 무의미하다. 그리하여 현재 일을 가지고 있는 사람의 관점과 그 일에 적절한 사람을 채용하려고 노력하는 관리자의 관점에서 커리어를 계획하는 것은 일 또는 커리어의 중요한 특성을 분석하기 위한 프로세스를 요구한다.

이 목적을 위해서, 워크북의 두 번째 파트에서는 누가 참여자의 일과 관련해 주요 이해관계자(stakeholder)인지, 그들의 기대는 무엇인지, 그리고 어떻게 그것이 그의 커리어 앵커에 맞추어지는지를 이해하도록 돕는 일/역할 분석(job/role analysis)을 위한 프로세스를 통해 응답자의 현재 상태의 역할 지도를 작성한다. 만약 참가자가 커리어 변화를 모색 중인 상황이라면, 일/역할 계획(job/role planning)의 섹션 중에서 가능한 미래 직업군의 특징에 관해 설명하고 있는 내용이 도움이 될 것이다. 구인광고(jobposting)에 대한 최근 트렌드를 잘 눈여겨보면, 자신이 지원해 볼 수 있는 직업의 특징을 어떻게 분석하는지 알 수 있다는 점에서 이 분석 작업은 더욱 중요하다고 볼 수 있다.

그 이후에 따라오는 자기평가 도구는 참가자가 몇몇 미래 직업에서 이행할 필요가 있는 주요 분석, 대인 간 역량 및 감성 역량을 스스로 평가하도록 한다. 평가에 더하여, 참가자가 명확한 단계와 시간 계획을 통해 액션플랜(실천계획)을 세우는 것으로 워크북 활동을 끝마치도록 되어 있다.

오늘날 우리가 겪고 있는 빠른 세계 경제의 변화 속에서 미래를 위한 현명한 계획을 세우기 위해 자신의 커리어 앵커가 무엇인지 발견할 필요가 있다. 미래를 위한 계획 중 어떤 분야의 직업을 추구할 것인지, 어느 수준의 직업을 찾을 것인지, 또는 어느 수준의 직업에 정착할 것인지, 다음 직업을 위해 필요한 기능과 대인관계 기술에는 어떤 것이 있는지, 그리고 다양한 고용주가 직원들의 커리어 앵커를 어떻게 가늠할 것인지에 대한 질문이 포함되어 있다. 안정된 시기에 우리는 자신의 커리어 앵커를 모르고 살아갈 수도 있겠지만, 만약 수많은 선택을 해야만 하는 상황이라면 개인의 내적 우선순위가 무엇인지 아는 것, 즉 자신의 직업과 관련해 포기할 수 없는 것을 아는 것이 중요해진다.

퍼실리테이터 가이드는 커리어 코치 혹은 관리자로서 사람들이 자신의 커리어를 관리하고 개선하도록 도움을 주는 다양한 방법을 제공한다. 가이드의 시작은 일/역할 분석과 계획하기에 관한 몇 가지 배경 정보를 제공하는 것으로 시작하며, 당신이 다른 사람들에게 이 과정을 통해 도움을 주려고 한다면 이 과정에 먼저 익숙해져야 한다.

다음에서 커리어 앵커 자가진단지와 참여자 워크북을 어떻게 사용하는지 설명하며, 참가자들을 위해 또는 자기 자신을 위해 이 정보를 사용할 운영/관리자를 위한 섹션이 포함되어 있다. 커리어 앵커 그리고 일/역할 분석에 대한 워크숍 설계에 관한 부분이 그것이다. 마지막으로, 추가적으로 읽으면 좋은 참고문헌 목록으로 끝을 맺는다.

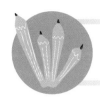

일/역할 분석과 계획

왜 일/역할 계획이 더 중요하게 되는가

 대부분의 관리자와 직장인은 조직의 빠른 변화 속도로 인한 현기증과 놀라움을 경험했을 것이다. 빠른 변화의 주요 요소 중 하나는 직업 그 자체가 덜 분명하고 경계가 없게 된다는 것이다. 만약 덜 위계적이고 더 수평적인, 지식 기반 및 프로젝트 기반의 업무에 관한 예측이 모두 정확하다면, 대부분의 관리, 전문가 및 기술자는 빈번하게 그들의 역할이 서로 바뀌는 것을 발견할 것이다. 갈수록 직무 기술(job description)은 쓸모없어질 가능성이 높다. 왜냐하면 직무 기술서가 ① 안정성을 창출하거나 유지하도록 설계되었고, ② 일과 역할이 서로 어떻게 관련되는지에 대해 충분히 강조하지 못하며, ③ 또한 어떻게 직업이 변화하는지 강조하지 못하기 때문이다. 이러한 직무 기술서를 대신해서 다음과 같은 역동적인 프로세스가 필요할 것이다.

- 사람들을 둘러싼 네트워크가 변화무쌍한 환경에 적응하도록 변화함에 따라, 직장인이 빠르게 그들의 변화된 역할을 정의하고 재정의하도록 한다.
- 경영자나 관리자가 그들의 조직에서 역할이 어떻게 변화하는지 이해하고, 이러한 변화가 미래의 직장인에게 소통되도록 한다.
- 일/역할 계획 프로세스는 경영자나 관리자에게 승계 계획(succession plan)을 위한 상력한 도구를 제공한다.

이러한 요구를 만들어 낸 몇 가지 변화 트렌드에 관해서 참여자 워크북에 자세하게 설명되어 있고, 또 다음과 같이 요약할 수 있다.

- 전 세계의 조직들은 그들의 구조를 재검토하고, 다양한 형태의 '조직 축소' '조직 적정화' '합작' '합병'에 참가한다.
- 세계화와 새로운 기술은 조직, 직무, 역할의 경계를 느슨하게 한다.
- 일의 성격이 기술적으로 더욱 복잡해짐으로써 사람들은 대부분 운영자 역할로서 일하지 않을 것이고, 더 많은 사람이 지식 기반 서비스와 운영을 지원하는 직원 역할을 할 것이다.
- 개념적 일이 증가하고, 일/역할 경계가 느슨해짐에 따라 불안감이 증가할 것이다.
- '조직 적정화' 과정에서, 조직은 ① 그들의 위계적 구조를 재

검토하고, ② 수평적 조직으로 이동하고, ③ 위계적인 것보다 조화로운 메커니즘에 의존하고, ④ 다양한 방법으로 직원에게 권한을 부여한다.
- 조직은 더욱 차별화되고 복잡해진다.
- 하부 조직은 그들이 점차 상호 의존적이게 된다는 사실에도 불구하고, 의사소통하기 어려운 하부 문화를 개발한다.
- 조직 문화는 더욱 협력적인 분위기로 흘러간다.
- 조직은 수평적 의사소통 채널에 더욱 의존하게 된다.
- 가족, 개인 그리고 직업을 둘러싼 사회문화적 가치가 변한다.

◐ 어떤 사람에게 일/역할 분석과 계획이 필요한가

- 변화를 경험하는 조직에 있는 모든 기술직 · 전문직 · 관리직 직원 또는 경영진
- 승계 계획에 참가하고 부하 직원에게 커리어 카운슬링 혹은 코칭하는 관리자
- 직업 책임이 불확실하고 혼란스럽거나 새로운 업무에 착수하는 직원

사례 1 공장 관리자의 변화 특성

내가 관찰한 일/역할 계획이 필요하다는 것에 대한 명백한 증거를, 공장 관리자의 주된 일(직무)이 거의 전체적으로 변화가 이루어진 화학 산

업에서 찾아볼 수 있다. 나는 미국과 유럽에 있는 공장 관리자 팀과 함께 일/역할 계획 훈련을 했다. 우리가 처음으로 공장 관리자의 직무 기술서에 관하여 브리핑을 들었을 때, 이 직무에 대한 전형적인 설명은 주로 테크니컬한 측면이 강하며, 미래의 공장 관리자는 해당 분야의 복잡한 기술적인 것을 다룰 수 있어야 한다는 것이었다. 산업 프로세스의 기술적인 복잡성의 증가가 지배적인 트렌드로 인식되면서, 기술적인 능력이 미래 공장 관리자가 가져야 할 핵심 역량이라는 가정으로 자연스럽게 연결되었다.

이 회사의 공장 관리자에게 기대를 가진 모든 이해관계자를 확인하고, 그들의 기대가 미래에 어떻게 변할 것인지 분석을 요청했을 때, 다소 다른 그림이 나타났다. 우선 전형적인 공장 관리자의 기술적인 업무가 너무 어려워서 공장 관리자는 기술직 직원을 필요로 한다고 했다. 그는 더 이상 기술력의 최상위에 있을 수 없었고, 주요 기술적 판단은 주로 그 직원에 의해 이루어졌다.

더욱 흥미로운 사실은, 직업적 안전성과 공동체 환경에 대한 관심 그리고 근로자 안전에 관한 노동단체의 관심 증가와 함께, 공장 관리자는 그들 스스로 공장 기술과는 사실상 아무 관련이 없는 문제를 둘러싼 다양한 이해관계자와의 협상이 증가하고 있었던 것이다. 노동조합, 지역공동체, 정부기관과 같은 핵심 이해관계자의 강력한 태도 변화에 영향을 미치는 요인으로, 안전문제, 직장 내에서의 삶의 질, 환경적 이슈들이 포함되었으나, 생산 프로세스의 기술적 측면은 하등의 관련이 없는 것으로 나타났다.

이해관계자와의 개별 관계에서 공장 관리자가 더욱더 노력해야 하는 것은 복잡한 정치적 환경과의 협상이었다. 이 통찰의 결과로서, 회사는 미래의 공장 관리자에게 요구되는 것은 기술 신봉자가 아니라, 공장의 다양한 외적 인터페이스에서 일할 수 있는 유능한 협상가라는 것을 깨달았다. 내적 관계와 기술적 문제는 점차 관리자와 부하 직원에 의해 처리되었다. 공장 관리자의 직무는 수년간 변하고 있었지만, 이것은 명확하게 관찰되거나 분석되지 못했다. 그리하여 이처럼 미래에 필요한 협상가를 발견하고 개발하기 위한 개발 프로세스와 인적 자원의 계획은 아주 조금밖에 제공되지 않았다고 볼 수 있다. 각각의 단위 공장 관리자들은 형식적인 직무 기술서에서 언급하지 않고 있는 일을 하기에는 그들의 준비가 제대로 되지 못한 것이 혼란을 겪는 이유임을 깨달았다. 이러한 통찰의 결과로서, 회사는 제조 관리 영역에서 잠재력과 평가 수행을 위한 다양한 시스템을 즉시 실행했고, 새로운 개발 프로그램을 시작함으로써 미래의 직업을 수행할 수 있는 비전을 펼쳐 나갔다.

그들은 스스로 외적 인터페이스를 관리하는 중요성을 명확하게 알 수 있었고, 이제는 인간관계, 협상, 정치적 영역과 같은 소프트 스킬에 관해 훈련을 요구하고, 조언을 구하는 것이 더 합당하다는 것을 깨달았다.

사례 2 일/역할의 자발적인 재설계

최근에 관리 부사장직이 공석으로 있는 회사에서 일/역할 분석과 계획하기의 중요성이 입증되었다. 나는 커리어 개발에 관한 일일 워크숍을 그들을 위해 열어 줄 기회가 있었다. 점심시간 동안 사장과 핵심 부하 직원으로 구성된 중요 회의를 하는 데 참석할 기회를 가졌다. 그 회의는 공석으로 되어 있는 관리 부사장직에 적합한 인사를 결정하는 것과 관련된 것이었다.

그들은 '조(Joe)'라는 사람을 염두에 두고 있었지만, 그에 대해서는 몇 가지 의구심을 가지고 있었다. 나는 그들이 조에게 일을 맡기는 것에 대한 장점과 단점 그리고 그의 전체적인 성격과 과거의 직업 이력에서의 강점과 약점에 대해서 논의하였다. 조는 좋은 관리자였으나 외부적인 관계에서는 크게 좋은 평가를 받지 못하였다. 그러나 그가 사람들을 잘 다루며, 회사의 기술적 측면을 잘 아는 등 많은 것에 대해 논의하는 것에 관해 30분가량 들을 수 있었다. 전체적으로 보면, 조에 대한 그림은 매우 긍정적이었지만 그룹 안에서는 조가 과연 이 일에 적임자인지에 대해서 결정을 내리지 못하고 있었다.

이 시점에서 나는 그 직업 자체에 대한 호기심이 생겨서, 관리 부사장이 하는 일이 무엇인지, 이 직업을 둘러싸고 있는 주요 이해관계자는 누구인지, 그리고 그들이 미래의 이 직업을 어떤 식으로 보고 있는지에 대해서 물어보았다. 내 물음의 답변을 통해 그들은 그룹 인사, 법적 요건, 구매, 정보 시스템과 PR이라고 흔히 말하는 공적 관계(public relation)와 같은 것을 목록화하기 시작했다. 그들이 이 항목의 마지막에 다다랐을 즈음에 누군가가 갑자기 다음과 같이 말하였다.

"이것에 대해서 생각해 본 결과, 조는 공적 관계를 제외하고는 모든 영역에서 잘할 것입니다. 그는 외부인들과의 관계 영역에서 좋지 않은데, 우리가 미래를 내다보면 이런 외부인과의 관계는 점점 더 중요해질 것입니다."

이와 같은 지적은 전체 그룹으로부터 즉각적인 동의를 불러일으켰고, 그들 중 한 명은 한 가지 통찰을 얻게 되었다. 그는 그룹의 공적 관계가 관리 부사장의 역할의 일부분이어야 하는지 물었다. 몇 분 후, 그룹은 공적 관계가 관리 부사장의 역할의 일부분이어야 하는 것은 아니라는 데 동의하고, 사실 그 공적 관계 외의 부사장 직무가 급속도로 늘어나고 있기에 그것만으로도 충분한 역할이 부여되기 때문에 공적 관계를 담당하기에 적격인 정규직을 구할 때까지 이 업무를 다른 상급 부사장 중 한 명에게 위임할 수 있다는 것에 동의하였다. 이제 이렇게 직업을 재설계함으로써 그들은 빠르게 이 직책이 조에게 적절하다는 데 합의하였고, 이 절차를 통하여 우연하게도 공적 관계는 미래에 매우 중요한 부분으로 자리할 것이어서 이것만 담당하는 정규직 직원이 필요하다는 것을 깨닫게 되었다.

이 사례는 경영 시스템을 재설계하는 권한을 가진 그룹 내의 핵심 경영자들에게 일/역할 분석과 계획하기의 중요성을 보여 준다. 우리는 종종 현재 직무구조가 적절하다고 가정하고, 단지 재조직화가 일어날 때 개별적 직무를 검토한다. 그러나 앞에서 이 그룹이 보여 준 재구조화는 환경이 더욱 역동적이고, 이해관계자들의 기대가 변함에 따라 갈수록 더욱 일반적이게 될 것이다.

결론과 영향

성공적인 조직 수행과 생산적이며 만족스러운 커리어는 극단적으로 항상 변화하는 조직의 요구와 커리어를 갖춘 개인의 요구를 연결하는 훌륭한 프로세스의 산물이다. 모든 지표에서 변화에 대한 평가가 증가하고 있음을 보여 줌으로써 이 문제는 미래에 더욱더 분명하게 대두될 것이다.

각 개인은 그가 커리어나 어떤 주어진 직업을 벗어나서 원하고, 요구하는 것에 대해서 알아야 할 책임이 있다. 이러한 자기 통찰은 경험과 체계적 자기진단에서 나온다. 우리는 '커리어 앵커'가 무엇인지 알아야만, 직업 기회와 선택에 직면했을 때 보다 좋은 선택 및 조직과 더 나은 협상을 할 수 있다. 그러면 조직의 책임은 무엇인가?

내가 강조하고 싶은 바는, 지금까지의 조직은 그들의 요구를 충족시키기 위해 수행되어야 할 일(work)에 관하여 제대로 이해를 못했으며, 설사 수행해야 할 일에 대하여 잘 이해했을 경우에서도 조직의 요구와 기대가 무엇인지에 관하여 소통하는 데 실패했다는 것이다. 일/역할 분석과 계획하기의 주요 목적은 일을 계획하고 진단하는 과정을 개선하며, 이러한 진단을 그 직무 당사자들과 소통하기(communicate) 위함이다. 바꾸어 말하면, 만약 업무와 커리어 선택에 관한 정보가 불완전하고, 표면적이며, 실제적으로 부정확하다면, 개인은 그들의 직업을 잘 수행할 수 없고, 좋은 커리어를 선택할 수 없다.

조직은 추상적 개념이지만, 개개인의 직원 혹은 관리자는 그렇지 않다. 나는 모든 직원과 관리자는 그들의 기본적인 직무의 일부분으로서 자신의 일과 자신들의 주위에서 수행되는 일을 완전히 이해해야만 한다고 주장한다. 그리고 그들은 그 일을 수행해야만 하는 부하 직원, 동료 그리고 상사와 자신이 이해한 것을 소통하는 기술을 지녀야 한다. 일이 영속적으로 변화하는 까닭에 직원과 관리자에게는 책임이 뒤따르고, 그들이 연관되어 있는 모든 직업에 대해서 영속적으로 생각하고 계획을 세워야만 한다. 이 훈련은 그러한 계획을 촉진하기 위해서 설계되었고, 그리하여 개인과 조직의 요구 모두를 달성하는 과정의 통합 도구다.

커리어 앵커 자가진단

자가진단지 사용법

이 진단지를 사용하는 컨설턴트 혹은 코치를 위한 몇 가지 선택 사항을 제시하겠다.

1. 참여자들에게 개인적 사용을 위한 커리어 앵커 자가진단지를 나눠준다.

커리어 앵커 자가진단지는 사람을 분류하기 위해 사용되는 표준화된 시험이 아니다. 이것은 자기 통찰에 도움을 주기 위한 것이다. 당신, 관리자 혹은 코치는 이것을 진단 도구로서 사용하지 말아야 하며, 이것은 자기진단과 코칭에 도움을 주는 요소로 생각하여야 한다.

만약 시간이 별로 없거나 많은 참여자가 커리어 앵커 개념을 소개받는다면, 자가진단만을 사용하여 그들이 스스로 채점한 후에 참여자가 궁금한 것에 대한 질문에 답하는 것으로 충분할 것이다. 그러나 정말로 사람들이 그들의 앵커를 찾고, 그 커리어를 계획하는 데 도움을 주기 위해서는 참여자들에게 커리어 앵커 참여자 워크북을 제공하고, 스스로 커리어를 분석하도록 격려하는 것이 중요하다.

2. 자가진단지와 참여자 워크북, 두 가지를 모두 나눠 준다.

커리어 앵커의 자가진단지와 참여자 워크북은 자기 관리를 위해 설계되었다. 워크북에서는 서로 커리어 인터뷰를 수행할 파트너를 찾기를 권유하지만, 다수의 참여자는 그것이 너무 시간 소모적이라는 것을 발견하고, 독자적으로 혼자 실시하려고 하는 경향이 있다.

불행하게도 인터뷰를 하지 않으면 그 사람은 자신의 앵커에 대해서 이상적인 관점으로 편향될 수 있다. 인터뷰는 자신의 현실을 보여 주며 기록하는 경향이 있기 때문에 반드시 추천하고 싶다. 만약 당신이 단순히 워크북을 배포하기만 하는 것이 아니라 참여자가 이 훈련에서 받을 수 있는 모든 혜택을 누리기 원한다면, 파트너를 구해서 인터뷰할 것을 강력하게 추천한다. 한 가지 효과적인 방법은 팀을 구성하여 팀 구성원들 간에 상호 인터뷰를 맡아 주는 것이다.

참여자 워크북 사용법

마찬가지로 여기에도 컨설턴트 혹은 코치를 위한 다양한 방법이 제시되어 있다.

1. 자가진단지와 참여자 워크북을 나눠 주고, 개인 커리어 컨설팅 혹은 코칭을 위한 기초로서 인터뷰를 실시하라.

커리어 앵커 참여자 워크북은 커리어 코칭 세션을 시작하기 위한 좋은 방법이다. 만약 당신이 다른 사람과 함께 프로그램에 참가한다면, 자가진단지로 시작한 뒤에 참여자 워크북의 커리어 인터뷰를 실시하라. 또 다른 방법은 당신이 앵커 범주를 밝히기 이전에 인터뷰를 먼저 시작하는 것이다. 먼저 참여자들이 앵커 유형을 알게 된다면, 그들은 자신을 그곳 중 어떤 곳에 위치시키려는 강한 충동을 받게 될 것이며, 그런 경우 코칭 세션은 시기상조적인 편견을 일으킬 것이다. 당신이 개인적으로 자기 통찰력을 갖도록 돕기 위한 맥락으로서 참가자에 대한 기본적인 정보를 아는 것이 때때로 효과적이다. 그런 상황이라면 당신은 인터뷰 이후에 진단지를 사용하고, 지금 가진 모든 정보를 기반으로 하는 앵커 범주를 찾아볼 수 있다.

참여자 워크북의 목적은 자기 통찰을 증가시키는 것이다. 앵커 범주는 이것을 촉진하지만, 개인이 명확하게 한 가지의 범주에 맞출 필요는 없다. 만약 당신이 보기에 지금 참여자가 스스로에 대해 충분히 이해하고, 그것을 통해 자신을 그릴 수 있다고 만족한다면, 몇 개의 앵커 범주 안에 그 사람의 유형이 하나씩 있다고 할지라도 그것은 충분한 성과다. 그러나 때때로 개인은 여러 가지 범주가 동일하게 그들에게 잘 맞는다고 느끼고, 그것은 코치로서 그들이 충분한 자기 분석을 하지 않았다고 느끼게끔 한다.

▶ 하나 이상의 앵커를 나타내는 참여자가 있다면?

만약 선택하도록 강요한다면, 참여자가 정말로 포기하지 못하는 것에 초점을 맞추도록 도울 수 있는, 앵커들 사이에서 구별을 촉진하기 위한 질문을 만들어라. 이것을 하기 위한 가장 좋은 방법은 앵커 범주 사이에서 선택하도록 하는 미래에 대한 질문을 개발하는 것이다.

> 예 어떤 참여자는 자신이 공학의 기술적 영역에 남아 있기를 원하고, 또한 일반 관리 단계에 오르기를 원한다고 말한다. 그는 자신이 전문가적 역량과 총괄 관리자 역량 모두를 가지고 있다고 주장한다. 그에게 몇 가지 이상적으로 그려 보는 미래에서 자신이 속한 대기업의 최고 연구원이 되는 것이 나은지, 아니면 그 기업의 경영 부사장이 되는 것이 나은지를 물어본다. 대부분의 사람들은 즉각 그들이 더욱 관심을 두고 있는 영역, 즉 연구 영역 혹은 일반 관리 영역 중 하나를 고를 것이다.

범주 중 하나가 '지금 관심을 가지고 있는 분야'이지만 정말로 커리어 앵커가 맞는지 물어봐야 한다.

> 예 한 참여자는 자신이 '보장성/안정성'과 '창업가 역량'이라는 두 가지 앵커를 가지고 있다고 말한다. 보장성/안정성이 정말로 앵커인지, 가족 혹은 다른 개인적 이슈 때문에 그녀의 현재 커리어 단계에서 필요한 것인지를 물어보라. 보장성과 안정성을 가장 필요로 하는 삶의 시기가 있으나, 이러한 이유로 그것을 앵커로 만들지 않으며, 단지 지금의 '관심'이라는 것을 언급해 주어야 한다.

참여자들은 가끔 어떤 범주에도 자신이 관련되지 않거나 서너 개의 범주에 알맞다고 말한다. 그중 한 가지 이유는 개인이 자신에게 맞는 앵커를 찾기 위해 필요한 충분한 삶의 경험이 없다는 것이다. 그러한 경우, 개인이 그 자신에 대해서 더 많은 실제 삶의 정보를 모을 수 있도록 돕기 위한 다양한 경험을 하라고 격려하라. 때로 개인은 앵커 범주 중 하나에 정확하게 귀착되지 않는 삶의 경험을 가지고 있다. 이 훈련의 목적은 자기 통찰을 하는 것이지 자신을 정형화하는 것은 아니며, 다만 당신 스스로를 설명하기 위한 단어 혹은 개념을 발견하도록 노력해야 한다. 개인에게 어떤 특정 범주를 선택하도록 강요해서는 안 된다.

때때로 참여자의 앵커 범주가 그 사람의 과거 커리어 이력을 통해서, 코치나 면접관에게는 아주 분명하게 보일 수도 있으나 참가자가 그것을 보지 못하거나 보지 않으려고 하는 것을 느낄 때도 있을 것이다. 이러한 경우, 당신은 참여자와 함께 그 사람의 과거 커리어상의 중요한 사건을 찬찬히 검토해 보고, 그것이 일어난 이유를 되짚어 보면서 그에게 "자신이 말했던 것으로부터 어떤 결론을 이끌어 냈는가?"라고 추가적인 질문을 해 나가야 한다.

만약 진단지가 사용되었다면, 참여자에게 어느 항목에 그가 가장 강력하게 동의하는지, 혹은 동의하지 않는지를 묻고, 함께 '왜 그것을 선택했는가?'를 물어보는 관점에서 각각의 해당 항목을 검토해야 한다.

어떤 경우든지 참여자에게 '이것은 시험이 아니다. 목적은 당신을 어느 범주에 포함시키는 것이 아니다. 이 활동의 목적은 스스로를 이해하도록 돕는 것이다. 자신이 관심을 가지는 것과 자신 커리어와 관련해 강점과 약점에 대한 몇 가지 통찰력을 얻기 위한 것이다.'라는 내용이 가장 중요하게 강조되어야 한다.

2. 참여자에게 자가진단지와 워크북과 함께 두 명씩 짝이 되어 서로 인터뷰할 수 있도록 설명서와 같이 나눠 줘라.

이 선택 방법은 강의실 환경에서 가장 효과적인 것으로, 두 아이템을 모두 참여자들에게 제공해 주고 두 명씩 짝으로 실시하도록 하여 결과물을 한 주 후에 가져오도록 하는 것이다. 이 활동을 통해 자신의 앵커 범주를 잘 이해하게 되며, 전체 참가자들에게서 모인 자료에 근거하여 가장 많은 앵커와 가장 적은 앵커가 무엇인지를 알게 될 것이며, 이것을 통해 참여자들이 깊이 인식해야 할, 미래 일(직업)의 세계에서 어떠한 움직임이 일어날 것인가에 대한 토론을 이끌 수 있다.

이렇게 자가진단지와 워크북을 사용하는 방법은 전문가적 역량, 총괄 관리자 역량 그리고 라이프 스타일 간의 잠재적 갈등이 더욱 눈에 띄는 경영자 개발 프로그램에 효과적이다.

3. 참여자에게 흥미를 주는 직업의 일/역할 분석을 하기 위해서 자가진단지와 워크북을 모두 사용하라.

워크북에 설명된 역할 지도의 구성과 이해관계자의 분석은 커리어 앵커 분석을 수행하거나 수행하지 않아도 별개의 훈련으로 이행될 수 있다. 이 훈련의 중요한 부분은 역할 지도이며, 이것은 참여자에게 일(job)의 복잡성을 깨닫게 해 주고, 어떤 직무가 만들어질 때는 그것에는 다양한 요구가 있다는 것을 알게 해 주며, 역할 부여자(role senders)의 요구와 직업인으로서 참여자가 제공할 수 있는 것에 대한 연결점을 알게 해 준다.

만약 미래 직업이 지도로 그려지고 분석된다면, 그러한 직업 분야에 관해서 알고 있는 다른 참여자들이 있어야 한다. 그러나 미래 직업에 대한 '상상 속의' 역할 지도를 그리는 것은 일련의 가정(hypotheses)을 그리는 것으로, 나중에 그 직업에 종사하는 사람과 그 지도를 체크할 수 있도록 유용하게 쓰일 수 있다.

4. 개발 계획을 세우기 위해서 미래 일/역할 요구 사항의 자가진단지를 사용하라.

동기와 가치의 자가진단, 분석적 능력과 기술, 대인 간 혹은 그룹 간 기술 그리고 감성 역량과 기술은 당신과 참여자에게 미래의 커리어를 발전시키거나 새롭게 성취하기 위해서 필요한 개인적인 성장을 발견하게 해 주는 일련의 범주와 단어를 제공한다. 이 항목들은 특별히 미래의 직업이 요구하는 것, 워크북에서 제공된 미래 직업의 트렌드와 간략화한 목록과 관련이 있다.

필요한 항목은 특별한 개발 활동, 일정표 그리고 검토를 위한 계획 확인의 경우 참여자와 함께 논의하여 확인할 수 있다. 워크북에 그러한 명확한 계획과 일정 계획을 세우기 위한 빈 공간이 제공된다.

관리자를 위한 자가진단지와 워크북의 사용법

관리자는 부하 직원이나 동료에게 어떤 것을 제안하기 이전에 스스로 자가진단지를 우선 읽어 보고 진행한다. 이러한 연습은 커리어와 직업 이슈에 대해 참가자와 대화하기 위한 유용한 틀과 알맞은 단어를 제공한다. 조직에서 가장 일반적인 사용은 참여자로서 훈련의 가치를 알게 된 관리자가 그의 부하 직원에게 연간 커리어 개발 세션에 대비하여 연습하도록 요구하는 것이다.

대부분의 조직은 관리자가 매년 각 부하 직원과 우호적인 수행

평가와는 구별되는 커리어 개발 세션을 하도록 요구한다. 그 세션 1~2주 전에, 관리자는 각 부하 직원에게 다음의 설명과 함께 자가진단지와 워크북의 복사본을 나누어 주어야 한다.

나는 미래 커리어 개발을 논의하기 위한 준비로서 다음의 훈련이 유용하다는 것을 알게 됐다. 이것은 우리의 조직에서 가능한 것과 여러분의 커리어 포부를 분석하기 위한 소통의 수단을 제공한다. 참여자들이 훈련의 결과를 공개하지 않으려 한다면 강요할 수는 없지만, 커리어 앵커의 개념은 우리가 여러분의 강점, 약점, 개발 요구 그리고 미래 선택에 관한 건설적 토론을 갖는 데 도움을 줄 것이다. 우리가 함께 여러분의 개발에 대해서 논의할 때 자신의 훈련을 기반으로 공유하고 싶은 것에 대해서만 논의할 것이다.

관리자는 각 부하 직원과의 실제 세션에서 논의를 시작하기 위해 자신의 커리어 앵커를 밝히거나 커리어에서 통찰력을 기를 수 있는 과정에 대한 이야기를 꺼내며 논의를 시작할 수 있다. 몇몇 조직에서 관리자는 일반 커리어 개발 도구로 자료집을 나눠 주거나 워크숍이나 카운슬링에 활용하도록 그 일을 위임한다.

- 절대 진단지를 시험으로 사용하지 마라.
- 절대 누군가의 커리어 앵커에 관한 당신의 직감을 직무 배치를 위한 기초로서 사용하지 마라.
- 이것을 단지 당신의 부하 직원이 자신에 대한 통찰력을 높이는 가이드로

만 사용하라.

일/역할 분석과 계획하기는 그들이 조직 내에서 승계 계획(suc-cession planning)*으로, 관리자에 의해 사용되어야 한다. 그들이 각각의 직무에 인재를 배치하고 유지하기 위해 그들에게 요구되는 것, 그리고 가장 중요하게 그들 자신의 일이나 직무를 위해서, 그들은 부하 직원 몇 사람, 관련된 직업에 종사하는 몇몇 동료, 그리고 상위 직급에 있는 몇 사람과 함께 모여야 한다. 그러고 나서 다음 단계를 실행하라.

- **1단계**: 기존 한 특정 직무에 관해서, 직무에 관한 일정 부분을 담당하는 관련 인사 3~4명을 모아서 한 시간가량 회의를 한다.
- **2단계**: 그 직업을 위한 완전한 역할 지도를 그려라(워크북의 '당신의 현재 직업 분석하기' 부분에 있는 '1단계: 역할 지도 만들기' 참조).
- **3단계**: 주요 이해관계자를 확인하고 기술적·경제적·사회문화적 트렌드를 기반으로 그들의 기대가 다음 5년 내에 변화할 것인지를 결정하라.
- **4단계**: 당신이 앞을 내다봄으로써 그 직업에서 필요할 것 같은 역량을 찾아내기 위해 당신이 감지한 변화를 목록화하라. 아마 현재 직무 기술서에는 앞의 것이 아무것도 기재되어 있지 않을

---

* 조직에서 특정 직급에 차세대 인사를 계승시키려는 계획

것이다.

- **5단계**: 당신이 앞을 내다봄으로써 직업을 위한 필수 요건이 무엇인지를 그룹 논의를 통해 합의한 뒤, 그러한 것을 현재 직무 기술서에 통합하라. 만약 그것이 적절한 듯하면, 당신이 알게 된 것을 기반으로 그 직업을 재설계하라.

- **6단계**: 재수정된 직무 기술서와 역할 지도를 직업을 찾는 참여자들과 공유하라. 만약 자가진단을 했다면, 직업과 커리어 앵커가 얼마나 잘 매치되는지 논의하라. 참여자 각각이 불일치를 확인하는 것을 허용하는 열띤 토론 분위기를 만들어 주어라.

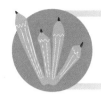

커리어 앵커와 일/역할 분석 워크숍 디자인

커리어 앵커 반나절 워크숍

참여자: 4~50명

목 표

- 각 참여자가 자신에 대한 통찰력을 기르도록 도와준다. 그래서 그가 커리어 선택과 이동을 관리할 수 있게 해 준다.
- 커리어를 어떻게 개발하고, 전체 라이프 스타일에 어떻게 맞출 것인지에 대해서 생각하기 위해서 참여자에게 일련의 개념과 틀을 제공한다.
- 참여자에게 커리어 개발에 관한 인터뷰와 인터뷰 실습 기회를 제공한다. 만약 참여자가 그들 자신의 부하 직원의 커리어 코칭을 하는 관리자라면 이것이 특히 유용하다.

자료

- 각 참여자를 위한 자가진단지와 워크북의 복사본
- 플립차트
- 보드마커
- 마스킹 테이프

물리적 환경

강의실은 이동 가능한 의자를 갖추어서 상호 인터뷰 시 참여자가 쉽게 짝을 이룰 수 있도록 한다. 그렇지 않으면 강의실을 떠나 상호 인터뷰가 가능한 공간을 마련해 주어야 한다.

절차 및 시간

▶ 소개 및 개관하기(10~15분)

커리어 앵커의 개념과 자가진단지 및 워크북에서 간단한 검토 기회를 제공하지만, 이 시간에는 자가진단지만 나눠 줘라. 시기상조의 편견을 피하기 위해서 8가지 앵커는 이 시간에 밝히거나 설명하지 말아야 한다. 워크숍의 목표를 재검토하라.

▶ 자가진단지 작성하기(15분)

참여자가 이 시점에서 채점을 해야만 하는지는 퍼실리테이터에게 달려 있다. 그러나 사람들이 일정하지 않은 진행 속도와 그들 자신의 호기심 때문에 제시간에 참여자가 자가진단지의 숫자를 옮겨 적고 점수를 더해서, 앵커 범주의 설명을 보게 하는 것이 쉽지 않다는 점을 유념해야 한다.

◐ 워크북을 나눠 주고, 참여자 간에 짝을 짓고, 상호 인터뷰 실시 하기(150분)

워크북에 있는 인터뷰를 위한 설명과 질문을 제공하는 페이지를 참여자에게 주지시켜 준다. 참여자에게 이 시점에서 편견을 갖지 않도록 하기 위해서 워크북의 다른 부분을 읽지 않도록 한다.

참여자의 파트너를 구성할 때 서로 잘 알지 못하고, 같은 조직에 있지 않은 사람과 함께 짝을 짓는 것이 가장 좋다는 것을 강조하라. 참여자가 이 워크숍에 배우자와 함께 참여했을 경우와 모든 사람이 동일한 조직에서 왔을 때는 예외가 될 수 있다. 몇몇 워크숍에서는 참여자들은 각기 다른 나라에서 참가하여 언어 문제가 있을 수 있다. 이러한 경우, 만약 그것이 다른 기준을 위반한다고 할지라도 동일한 언어를 사용하는 파트너와 함께 일하도록 격려하라.

수집해야 하는 중요한 정보는 참여자들이 작성한 내용과 그렇게 작성한 이유라는 것을 강조하라. 면접관(interviewer)에게 왜 그렇게 작성했는지에 관한 이유의 반응 유형을 주의 깊게 경청하도록 말하라.

짝의 구성을 위해서 다음의 시간 계획을 제안한다.

• 약 한 시간 동안 A는 B를 인터뷰한다.

- A와 B는 B의 설문 점수를 보고, 15분 동안 B의 앵커에 대하여 논의한다.
- 약 한 시간 동안 B는 A를 인터뷰한다.
- B와 A는 A의 설문 점수를 보고, 15분 동안 A의 앵커에 대해 논의한다.

전체 그룹의 토론을 촉진하기 위해서 사람들에게 150분 동안 전체 세션으로 신속하게 돌아오도록 요구하라. 인터뷰 장소에서 전체 토론장으로 이동하기 직전에, 자신의 커리어에 대해서 이야기하는 것이 즐거워서 시간이 가는 줄 모를 수 있으니, 참가자의 짝 또한 이야기할 수 있도록 시간을 잘 배분할 것을 강조하라.

● 전체 그룹 토론하기(30분)

전체 그룹에 인터뷰하고 인터뷰받은 느낌이 어떤지 물어보라. 자기 자신의 커리어에 관해서 반성적 성찰하기를 하는 것과 다른 사람의 커리어 도전에 대해 듣는 것의 몇 가지 긍정적인 관점을 이끌어 내라.

참여자들의 앵커를 확인하는 프로세스에 대한 질문을 격려하라. 이러한 질문은 거의 항상 다음에 검토될 특정한 이슈를 다룬다. 만약 시간이 있고 그룹이 편안해졌다고 생각하면, 앵커 범주를 플립차트에 옮겨 놓고, 사람들에게 각각의 범주 중 자신의 첫번째와 두 번째 선택이 무엇인지를 질문하라. 비록 참여자들 모두 하나의 직업 혹은 조직에서 왔다고 할지라도, 앵커는 다양하게 변화할 수 있다는 통찰을 제공한다. 어떤 특정 앵커 쪽으로 편향된다면, 전체 토론 그룹에게 그러한 결과의 의미에 대하여 각자 상상해 보도록 말하라.

남는 시간에 논의를 함축하고, 중요 사항을 목록화하라. 참여자가 워크북의 나머지 부분을 읽고, 스스로 일/역할 분석을 하도록 격려하라.

FAQ에 대한 답변과 그룹 활동에서 강조되는 학습의 초점

Q: 하나의 앵커보다 더 많은 앵커를 가질 수 있는가

A: 커리어 초년기에 우리는 이것저것 많은 것에 가치를 두어 왔기 때문에 무언가를 선택하도록 강요한다면 우리가 꼭 붙들고 있어야 하는 것을 알지 못할 수 있다. 우리가 하나의 직업에 오래 있다 보면, 단 하나의 앵커만 가지게 될 가능성이 높다.

Q: 나의 앵커가 내가 실제로 하는 것 혹은 내가 앞으로 하고 싶어 하는 것인가

A: 많은 사람은 그들의 앵커 관점에 맞지 않다고 느끼는 직업에 종사하고 있다. 그러한 경우에 앵커는 자신이 앞으로 하고 싶어 하는 것을 뜻한다. 사람은 가정 환경, 빡빡한 노동시장, 건강상의 제약 조건, 초기의 잘못된 결정과 같은 많은 이유로 자신이

몸담고 있는 직업에 종사하고 있다. 많은 사람은 그들의 커리어 안에서 시간이 흐른 후에야 '스스로를 찾는다'. 그러나 그들의 앵커는 결국에는 자신들이 '정말로 하고자 하는 것'으로 이끌어 준다. 직업과 앵커가 부조화를 이루는 경우, 사람들은 종종 취미 또는 제2의 직업에서 그들의 앵커를 발산한다.

Q: 앵커 중에서도 어떤 앵커를 더 많이 희망하는가

A: 몇몇 문화에서는 몇몇 앵커로의 편향이 있을 수 있다. 예를 들면, 미국에서는 관리적, 창업가적, 그리고 순수한 도전의 앵커를 호의적으로 보는 경향이 있고, 안정성의 앵커를 가진 사람을 낮춰 보는 경향이 있다. 오스트레일리아에서 운영했던 수많은 워크숍에서는 미국과는 반대의 결과가 나타났다. 왜냐하면, 그 문화에서는 너무 자기중심적인 것으로 보이는 것이 문화적으로 적절하지 않기 때문이다. 그래서 실제로 오스트레일리아에서는 관리 앵커를 가진 사람은 공공연히 그것을 부인하는 경향이 있었다. 어떤 경우든 중요한 것은, 개인의 앵커는 그것을 공적으로 밝히는 것과는 별개라는 사실을 아는 것이다. 몇몇 절대적 기준의 측면에서, 각 앵커는 동등하게 가치가 있다.

Q: 앵커는 변하는가

A: 변화는 분명히 가능하고, 사례는 발견할 수 있으나 이런 가능성은 다양한 이유로 인해 희박하다고 할 수 있다. 우리가 스스로에 대한 통찰을 얻음으로써 앵커는 안정성을 갖고 방향을 제공

한다. 그래서 나이가 들어감에 따라, 그리고 자신에 대해 더 많이 알면 알수록 우리는 더욱 안정되고, 또 더욱 안정되기를 원한다. 인생의 후반기에 무척 큰 커리어 변화를 결심하고 이행한 사람들에게 물어보면, 대부분의 경우 "드디어 내가 정말 하고 싶었지만 기회가 없어서 또는 할 수 있는 방법을 알지 못해서 못한 것을 했다."라고 말한다. 바꾸어 말하면, 앵커는 변하지 않지만, 그의 앵커가 요구하는 것을 하기에는 오랜 시간이 걸린다고 말할 수 있다.

사례들을 연구해 보면, 사람들은 자신의 앵커를 알고 난 후에는 그 앵커를 바꾸려는 것이 아니라 유지하려고 자신의 인생과 커리어를 앵커 중심으로 정리하는 경향이 있다는 결론을 이끌어 낼 수 있다. 아마 앵커는 오로지 인생에서 어떤 강력한 경험을 하고, 그 경험에 의해 성격의 변화가 일어나는 계기가 생긴다면 변화할 것이다.

Q: 자신의 커리어에서 '성공'을 어떻게 정의하는가?

A: 문화에 따라 외부 커리어의 성공을 정의하는 방법과 개인이 그의 내부 커리어의 성공을 정의하는 방법은 꽤 다를 수 있다. 내부 커리어의 성공은 개인의 커리어 앵커가 요구하는 것을 성취하는 것으로 정의된다. 즉, 그 사람의 재능을 사용하고, 요구를 충족하고, 가치에 따라 움직이는 것이다. 이것은 앵커 그룹마다 다를 것이다. 따라서 성공의 기준은 없다. 예를 들면, 돈 혹은 조직에서의 순위가 총괄 관리자 역량을 가진 그룹의 성공을 가늠하는 주요 척도가 될 수는 있지만, 전문가적 역량을 가진 앵커 그룹에

서 성공의 주요 척도는 동료들 사이에서의 전문가적 평판이기 때문이다.

마지막 학습의 주안점

다음의 내용을 강조해야 한다.

- 동일한 직업에서조차도 다양한 사람이 각각 다른 커리어 앵커를 가지고 있다.
- 각각 다른 앵커를 가진 사람들이 추구하는 것은 저마다 다르고, 이것은 '관리', 즉 조직의 사다리를 계속해서 오르고 많은 돈을 버는 것을 모두가 원하지는 않는다는 것에서 단적인 예를 들 수 있다.
- 당신이 능숙한 것, 원하는 것 그리고 가치를 두는 것을 아는 것은 미래에 좋은 커리어를 만들고, 삶에서 현명한 선택을 하기 위해서 필수적이다.
- 여러분은 "자신이 어떤 사람인가"에 관한 자기 통찰에 관하여, 회사에서 커리어 개발에 많은 영향을 미칠 수 있는 사람이나 직속 상사와 의사소통하는 것이 중요하다.

2시간 커리어 앵커 워크숍

이 짧은 설계는 반나절 설계와 동일한 목표를 가지고 있고, 동일한 설정을 필요로 하고, 동일한 방법으로 설명되어야 한다. 소개를 짧게 하고, 세션에 대해 알리고, 참여자의 짝에게 워크숍 동안 단지 하나의 커리어 인터뷰를 하고, 다른 커리어 인터뷰는 개인 시간에 하도록 요청하여 시간을 절약한다. 이것은 이상적이지 않고 거의 대부분 실행되지 않지만 워크북과 자가진단지가 자기관리를 하기 위해 설계되었기 때문에 참여자에게 몇몇 작업은 스스로 하도록 요청하는 것이 가능하다. 이 방법을 변형하여 워크숍에 오기 전에 사람들에게 자기 파트너와 인터뷰를 하고 워크숍에서의 시간은 그들의 앵커 자체와 그것이 함축하는 것을 자세하게 탐구할 시간을 가질 수 있게 할 수 있다. 이 변형된 방법은 두 개의 세션이 며칠 혹은 몇 주 간격으로 있고, 그 세션 사이에 인터뷰를 숙제로 내 주는 것과 유사하다.

2~3시간 일/역할 분석 워크숍

참여자: 4~50명

만약 자신이 '커리어 앵커 분석'으로 도움을 주는 코치라면, 당신은 고객에게 일/역할 분석과 계획하는 훈련을 현재 그들의 직업과 그들이 심각하게 생각하고 있는 앞으로의 다른 직업을 위해서 하도록 격려해야 한다. 각 참여자에게 기능해야 하는 작업 맥락의 개념이 없다면 참여자들에게 스스로를 정확하게 표현할 수 없다. 코치는 참여자들이 알아듣기 쉽게 일/역할 분석과 계획이 주어진 직업의 주요 이해관계자를 확인하고, 어떻게 그들의 기대가 그들이 앞으로 나아감으로써 변하게 되는지를, 그리고 그들이 미래에 그 직업에 있는 사람에게 기대하는 것이 무엇인지를 분석한다. 또한 그 직업을 위한 재직자가 모든 직업이 점차 많은 이해관계자와 함께 역할 네트워크 속에 포함된다는 사실로부터 나타날 수 있는 필연적인 역할의 긴장을 다루는 기술과 태도에서 필요한 것을 확인하는 것이 역할 지도를 만드는 과정이라는 것을 설명해야만 한다. 대부분의 직무 기술서에는 직업의 이런 측면을 설명하지 않으므로 일/역할 계획과 역할 지도 만들기는 직무 기술서를 대신하는 것이 아니라 그것을 향상시키는 반드시 필요한 작업이다.

만약 일/역할 분석과 역할 지도 만들기에 익숙하지 않다면, 이 가이드의 서두에 제공된 일/역할 분석과 역할 지도 만들기에 대한 개괄적인 설명과 그것에 대한 과정 그리고 왜 그것을 이용해야 하는지에 대한 이유를 읽고, 이 책의 135~139쪽에서 설명하는 미래 일/역할 요구 사항의 자가진단지를 읽어 보아야 한다. 만일 그런 경우가 아니라면 다음의 단계를 따르면 된다.

▶ 1단계(15분)

어느 직업이 분석되어야 하는지 결정하기 위해 비형식적으로 그룹을 조사하라. 이것은 참여자들의 그룹과 조직의 구조에 달려 있을 것이다. 마케팅 관리자, 부서 관리자, 선임 엔지니어, 내부 컨설턴트 등 그들 대부분이 하는 것의 몇 가지 일반적인 것과 함께 시작하는 것이 가장 효과적이다.

▶ 2단계(15분)

관심을 가진 직업 위주로 3~5명 참여자의 그룹을 만들어라. 플립차트에 직업을 목록화하고, 목록의 각 직업 분석을 자진해서 하도록 하라. 핵심은 그룹의 흥미와 직업의 몇 가지 지식을 갖도록 하기 위한 것이다.

▶ 3단계(15분)

목록화된 직업 중 하나를 가지고, 그룹 전체 직업에 있는 사람으로부터 어떤 것을 기대하는 사람인 주요 이해관계자와 역할 부여자가 누구인지 물어보며 참여시킴으로써, 역할 지도가 어떻게 하는 것인지 설명하라. 플립차트 중간에 원을 그리고, 그 안에 직업을 적어라. 그런 다음 주위에 다양한 역할 부여자를 놓은 뒤에 중간에 있는 직업을 향해 화살을 그려라. 화살표의 두께는 각각의 역할 부여자(이해관계자)가 그 직업에서 얼마나 중요한지를 표현한다. 그룹이 창의적이 되도록 격려하고, 모든 역할 부여자를 확인하는 데 철저하게 하게 함으로써 꽤 복잡한 역할 지도를 완성시킬 수 있다.

▶ 4단계(15분)

참여자에게 역할 모호, 역할 과중 그리고 역할 갈등의 개념을 재검토하고, 방금 그룹 안에서 그린 역할 지도에서 이것에 대한 것을 찾아보게 한다.

● 5단계(45분)

그룹에게 다른 책상이나 다른 강의실에서 만나도록 요구하라. 각각의 그룹은 플립차트와 펜이 필요하다. 각 그룹에게 2단계에서 함께 모일 수 있게 한 직업을 선택하라고 말하고, 전체적으로 그 직업을 위한 역할 지도를 함께 그리도록 하라. 그룹은 모호, 과다 그리고 갈등을 검토하고, 그 직업의 역할 요구에 관한 주요 통찰을 포착해야 한다. 그룹이 전체 그룹에 보고할 주요 역할 요구에 관한 결론을 준비시켜라.

● 6단계(30~45분)

각 그룹에 역할 지도와 미래 직업 요구에 관해 학습한 수업을 보고하도록 요구하라. 이 논의에서 커리어 앵커와의 연결이 만들어져야 한다. 어떤 종류의 앵커를 가지고 있든, 그 사람은 그들의 역량, 요구 그리고 가치가 확인된 역할 필수 요소에 일치하는지 혹은 그렇지 않은지를 밝혀야 한다. 대안적으로 앵커는 일치할 수도 있겠지만, 참여자는 그가 그 직업의 역할 필수 요소를 충족시킬 수 있도록 개발이 필요한 역량을 확인할 것이다. 그 뒤의 논의는 워크북에서 미래 일/역할 필수 요소 부분의 자가진단에서 자기 자신의 개발에 대한 논의와 검토로 이어진다.

30~45분 일/역할 분석과 역할 지도 만들기 세션

앞에서 설명한 6단계는 축소될 수 있고, 그렇지 않으면 단계 중 몇 개를 뛰어넘을 수도 있다. 중요한 점은 역할 지도 만들기 방법을 가르치는 것이다. 그룹이 제안하는 어떤 직업을 대상으로 주요 이해관계자와 역할 부여자가 누구인지에 관하여 그룹 구성원으로부터 직접적으로 자료를 수집함으로써 몇몇 과정을 줄여라. 그룹 앞에 있는 플립차트에 지도를 그리고, 사람들에게 역할 모호, 과다 그리고 갈등을 논의하고 예시하도록 요구하라. 개인이나 학습 팀이 현재나 미래 직업에 관해서 그들 자신의 역할 지도를 하도록 설명과 함께 세션을 마무리하라. 이 역할 지도를 연습한 이후에, 각 참여자는 워크북으로 돌아가서 우선 그의 커리어 앵커가 그 자신의 일/역할 필수 요소에 얼마나 적합한지를 검토한 다음, 미래 개발 요구를 확인하기 위해 미래 일/역할 필수 요소에 있는 자가진단 차원을 검토해야 한다.

역할 모호, 역할 과중, 역할 갈등

역할 모호는 당신에게 주요한 역할 부여자가 있으나 그들이 실제로 당신에게 기대하는 것이 무엇인지 분명하지 않을 때 발생한다. 만약 이해관계자에 대해서 '역할 모호'를 경험한다면, 기본적으로 다음의 두 가지 선택을 할 수 있다.

- 모호성을 줄이기 위해서 의사소통 과정 체계를 개발할 수 있다(즉, 이해관계자와 만나서, 그들의 기대를 공유하자고 요구하거나, 그들에게 스스로 인식하고 있는 바를 말해 주고 그것이 맞는지 수정해 달라고 요청할 수 있다).
- '모호성과 더불어 살기를' 결정할 수도 있다(즉, 이해관계자의 미래 행동을 조심스럽게 관찰하며, 그것을 통해서 그들이 무엇을 원하는지 단서를 찾아내는 것이다).

　분명 첫 번째 대안이 '역할 명확성'을 획득할 기회를 만들기에 가장 좋은 방법이다. 그러나 이해관계자가 당신에게 모호한 신호를 보낸다는 것을 알지 못할 수도 있기 때문에 당신이 주도권을 쥐어야 한다.

　역할 과중은 주요 이해관계자의 기대가 자신이 수행할 수 있는 일의 양을 초과한다는 것을 깨달을 때 일어난다. 만약 모든 이해관계자가 동등하게 중요하지 않다면, 역할 과중은 전형적으로 덜 중요한 이해관계자의 기대를 무시함으로써 다루어지지만, 무시된 이해관계자는 무시된 것에 대해 강력하게 반응할 것이기 때문에 이 처리 방법은 종종 곤란한 상황을 만든다.

　역할 과중을 위한 두 번째 대응기제는 각각의 이해관계자들이 기대하는 어느 부분만이라도 실행함으로써 각 이해관계자의 기대와 타협하는 것이다. 불행하게도 이것은 당신을 그들 각각의 눈에는 상대적으로 덜 유능해 보이도록 만들 것이다. 당신의 역할 지도가 어떤지 이해관계자가 알지 못한다면, 당신이 '정말로 바쁘다.'는 실제 상황으로도 그들을 납득시키지 못할 것이다.

역할 과중을 잘 처리하는 가장 좋은 방법은 주요 이해관계자들과 대화를 나누며, 그들에게 중요한 것을 당신이 추측하고 결정하지 않도록 그들과 같이 우선순위를 정하는 과정을 함께하는 것이다. 이해관계자들은 서로의 기대가 무엇인지 잘 모를 수도 있다. 당신이 그들과 업무 과다에 대하여 의사소통한다면, 그들은 서로 합의하여 우선순위를 정하거나 당신이 결정할 수 있도록 권한을 부여할 것이다.

역할 갈등은 당신이 두 명 그 이상의 이해관계자가 당신에게 기대하는 것이 서로(이해관계자 간에) 갈등을 일으킨다는 것을 깨달을 때 일어난다. 이것은 다음의 세 가지 양식에서 종종 일어난다.

- 당신의 상사가 원하는 것이 부하 직원이 원하는 것과 반대된다.
- 동료 이해관계자 중 한 명이 원하는 것이 또 다른 동료와 갈등을 일으킨다.
- 주요 이해관계자 중 한 명이 원하는 것이 자신의 기대와 갈등을 일으킨다.

우리 각각은 우리 자신의 일/역할에서 이해관계자다. 그리고 우리는 자신에게 기대하는 것이 있다. 종종 우리는 자신에게 기대되는 것을 수많은 이유를 나열하며 하지 않으려는 경향이 있는데, 이것은 우리를 윤리적 · 도덕적 · 동기적 딜레마로 이끈다.

이러한 각각의 경우에는 이해관계자와 역할의 재협상이 중요하고, 그래야만 갈등의 감정적 비용이 최소화될 수 있다. 이것이 의미하는 것은, 당신은 이해관계자들의 기대가 어떻게 갈등을 만드는지 다양한 이해관계자와 의사소통할 방법을 찾아야 한다는 것이다. 그래서 그들은 해결책에 관련되거나 당신이 갈등을 해결하도록 권한을 부여할 것을 결정할 수 있다. 만약 혼자 단독으로 갈등을 해결하려고 행동한다면 이해관계자를 실망시킬 수 있고, 당신이 동기가 없거나 그들의 기대를 충족시켜 주기에 충분하지 않다는 느낌을 주는 위험을 안게 된다.

역할 과중 혹은 갈등의 특별한 사례는 가족이나 친구의 기대가 이해관계자의 기대와 충돌할 때 일어난다. '일/가족, 업무 과다 혹은 갈등'의 이 유형은 더욱 널리 퍼지게 되고, 조직적 경계가 느슨해짐에 따라 점점 큰 문제가 될 것이다. 예를 들면, 만약 집에서 더 많은 일이 수행된다면, 업무 과다는 없어질 것이다. 그러나 집에서 일하는 것은 고용주/고용인 관계에 대한 현재 가정에서 벗어난 책임감과 위임에 대한 가정을 포함할 것이다. 이러한 유형의 문제를 해결하기 위해서 조직의 미래 형식의 이해가 필요할 뿐만 아니라, 일과 가족 모두에 복잡한 협상과 궁극적으로, 직업의 특성에 관한 문화적 가정에서 몇몇 변화가 포함될 것이다. 라이프 스타일을 앵커로 가진 참여자는 특히 이 영역에 취약하고, 그들의 상황이 특별하지 않으며, 해결될 수도 있음을 설명함으로써 안심시키는 것이 필요하다.

결론

개인을 위한 커리어 개발과 기업에서의 더 나은 직무 배치는 개인이 자신의 커리어 앵커를 찾아내고, 소통하며, 기업이 요구하는 역할의 측면에서 직업을 분석하고, 지원자들과 더 명료한 의사소통을 하면서 달성해 갈 수 있다. 자가진단지, 워크북의 개념 이해와 실습이 당신이 이러한 목표를 모두 달성하는 데 도움이 될 수 있기를 기대한다.

참고문헌

Arthur, M. B., Inkson, K., & Pringle, J. K. (1991). *The new careers*. Thousand Oaks, CA: Sage.

Arthur, M. B., & Rousseau, D. M. (Eds.). (1996). *The boundaryless career*. New York: Oxford.

Bailyn, L. (1993). *Breaking the mold*. New York: The Free Press.

Barth, T. J. (1993). Career anchor theory. *Review of Public Personal Administration, 13*(4), 27-42.

Bianchi, S. M., Casper, L. M., & King, R. B. (Eds.) (2005). *Work, family, health and well-being*. Mahwah, NJ: Erlbaum.

Durcan, J., & Oates, D. (1996). Career paths for the 21st century. London: Century Business Press.

Crepeau, R. G., Grook, C. W., Goslar, M. D., & Mcmurtney, M. E. (1992). Career anchors of informations systems personnel. *Journal of Management Information Systems, 9*(2), 145-160.

Hall, D. T. (2002). *Careers in and out of organizations*. Thousand Oaks, CA: Sage.

Higgins, M. C. (2005). *Career imprints*. San Francisco: Jossey-Bass.

Ibarra, H. (2003). *Working identity*. Boston: Harvard Business Press.

Kossek, E., & Lambert, S. (Eds.) (2005). *Working and life integration: Cultural and individual perspectives*. Mahwah, NJ: Erlbaum.

Nordvick H. (1991). Work Activity and career goals in Holland's and Schein's career theories of vocational personalities and career anchors. *Journal of Vocational Behavior, 38*, 165-178.

Nordvick H. (1996). Relationships between Holland's vocational typology, Schein's career anchors and Myers-Briggs' types. *Journal of Occupational and Organizational Psychology, 69*, 263-275.

Poelmans, S. A. Y. (Ed.) (2005). *Work and Family: An international research perspective*. Mahwah, NJ: Erlbaum.

Schein, E. H. (1978). *Career dynamics*. Reading, MA: Addison-Wesley.

Schein, E. H. (1987). Individuals and careers. In J. Lorsch (Ed.), *Handbook of organizational behavior*. Englewood Cliffs, NJ: Prentice-Hall.

Schein, E. H. (1995). *Career Survival: Strategic job/role planning*. San Francisco: Jossey-Bass.

Yarnall, J. (1998). Career anchors: Results of an organizational study in the UK. *Career Development International, 3*, 56-61.

에드가 샤인(Edgar H. Schein) 박사는 시카고 대학교와 스탠퍼드 대학교에서 학부를 마치고, 1952년 하버드 대학교의 사회심리학 분야 Ph.D를 취득하였다. 그의 주된 컨설팅 분야는 조직문화, 조직개발, 프로세스 컨설팅, 커리어 다이내믹이며, 그의 주 고객으로 DEC, Citybank, Apple, HP, Exxon, Shell, 싱가포르 경제개발위원회, 국제원자력기구를 포함하는 미국 및 전 세계 조직을 포괄하고 있다. 다양한 분야에서 전문가로 활동한 후, MIT 경영대학의 교수로 취임하여, 현재 동 대학교 명예교수로 재직하고 있다. 샤인 박사는 조직심리학 및 조직개발 분야의 창시자 중의 한 사람으로, 조직문화, 특히 기업문화(Corporate Culture)라는 개념을 창시하였다. 한국에서 많이 알려진 프로세스 컨설팅(process consultation, 1969, 1999 개정판), 조직문화와 리더십(organizational culture and leadership, 2004), 조직개발(organizational development), career development, career anchor, career dynamics, organizational learning, knowledge management 등에 관한 세계적 경영컨설턴트이며, 학자다. 가장 최근의 저서로는 『조력(Helping)』(2009)이 있다.

이론과 실제 간의 극심한 간극을 줄이기 위해서 샤인 박사는 임상적 탐구(clinical inquiry)와 프로세스 컨설팅(process consultation) 방법을 창시하여, 실제 조직개발을 위한 컨설팅 대상 조직에 활용하고 있다. 그의 이론과 실제의 연결을 중시하는 사상과 고객 중심의(Client-Centered) 접근은 쿨트 레빈과 칼 로저스의 정신을 계승하고 있다고 볼 수 있다.

역자 소개

박수홍 교수는 부산대학교 교육학 학부와 석사 과정을 마친 후, 한국교육개발원(KEDI)의 멀티미디어센터에서 시스템 개발부와 교육용 S/W의 개발부에서 연구원을 역임하고, 미국 인디애나 대학교 교수체제공학박사, 동 대학 Kelly 경영대학원에서 박사(부전공)학위를 취득하였다. 유학 중에, LG_ISD 과정의 프로그램, 한국표준협회 주간 ASTD 등 연수 코디네이터로 활동하였다. 그 후 부산대학교 교육학과와 멀티미디어 협동과정에서 교육공학과 HRD 전공교수로 활동하고 있다. 저서로 『액션러닝 프로그램 설계』(공저), 『조직과 지역의 창조적 변화를 이끄는 체계적 액션러닝: SAL』(공저), 『부산의 도시혁신과 거버넌스』(공저) 등이 있으며, 논문으로 「A systems view of team learning: toward a theory for the design of electronic performance support for team learning」, 「이중구조 교수체제(DSIS) 모델, 대학교육 혁신에 대한 체제적 사고: 학습 프로세스 리엔지니어링」, 「커리어 앵커 기반 진로개발」 등이 있다. 현재 한국기업교육학회 부회장, 부산유비쿼터스도시협회 부회장 겸 HRD분과 위원장, 한국사고개발학회 편집위원장을 겸하고 있다. 최근 세부 관심 분야로 스토리 디자인, 앙트러프러너십 역량 강화, 체계적 액션러닝 프로그램 운영, 커리어 앵커 기반 진로/경력 개발, 글로벌 HRD, 교육디자이너 양성 등이 있다.

내 생애 커리어 앵커를 찾아서
CAREER ANCHORS

2014년 10월 1일 1판 1쇄 인쇄
2014년 10월 10일 1판 1쇄 발행

지은이 | Edgar H. Schein
옮긴이 | 박수홍
펴낸이 | 김진환
펴낸곳 • (주)**학지사**

　　　　　121-838 서울특별시 마포구 양화로 15길 20 마인드월드빌딩
대표전화 • 02)330-5114　　　팩스 • 02)324-2345
등록번호 • 제313-2006-000265호

홈페이지 • http://www.hakjisa.co.kr
커뮤니티 • http://cafe.naver.com/hakjisa

ISBN 978-89-997-0344-7 93370

정가 15,000원

인터넷 학술논문 원문 서비스 **뉴논문** www.newnonmun.com

이 도서의 국립중앙도서관 출판시도서목록(CIP)은 서지정보유통지
원시스템 홈페이지(http://seoji.nl.go.kr)와 국가자료공동목록시스템
(http://www.nl.go.kr/kolisnet)에서 이용하실 수 있습니다.
(CIP제어번호: CIP2014023166)